Reykjavik
Akureyri
ISLAND
Skógar
Europäisches
Nordmeer
1
Luleå
Oulu
Skellefteå
Bottnischer Meerbusen
Kristiansund
Trondheim
SCHWEDEN
FINNLAND
Onegasee
Petrosawodsk
NORWEGEN
Tampere
Ladogasee
Bergen
2
Oslo
Turku
Helsinki
Uppsala
Sankt Petersburg
Stavanger
Stockholm
Tallinn
Inverness
Weliki Nowgorod
ESTLAND
8
Aberdeen
Kristiansand
RUSSLAND
Göteborg
Jönköping
Glasgow
Edinburgh
LETTLAND
Belfast
3
Riga
4
DÄNEMARK
GROSSBRITANNIEN
IRLAND
Kopenhagen
Malmö
Ostsee
LITAUEN
Dublin
Liverpool
Leeds
Nordsee
Wizebsk
Dnepr
Smolensk
Cork
Manchester
Sheffield
Königsberg
Vilnius
Minsk
Rostock
Danzig
Atlantischer
Cardiff
Birmingham
NIEDERLANDE
Bremen
Hamburg
5
Amsterdam
Stettin
WEISSRUSSLAND
Minehead
9
Hannover
Elbe
Berlin
Ozean
London
Rotterdam
Weichsel
Homel
Plymouth
Dover
Posen
Warschau
Brüssel
Essen
DEUTSCHLAND
Brest
Lille
BELGIEN
Leipzig
Oder
Łódz
Köln
Breslau
POLEN
Brest
LUXEMBURG
Dresden
Kiew
Kattowitz
Shyzomyr
Frankfurt
Prag
6
Rennes
Paris
Luxemburg
Ostrau
Krakau
UKRAINE
Nürnberg
Lemberg
Dnipro
TSCHECHIEN
Rhein
Straßburg
Stuttgart
Donau
Winnyzja
Nantes
Tours
Loire
Brünn
SLOWAKEI
München
Dnister
11
Wien
7
FRANKREICH
Mulhouse
Zürich
Linz
Bratislava
Basel
Lindau
ÖSTERREICH
MOLDAU
Bern
FL
Odessa
La Coruña
Vaduz
Budapest
Bordeaux
Genf
SCHWEIZ
17
Kischinau
Lyon
Graz
18
Klausenburg
Papa
16
Bozen
Gijón
Lienz
SLOWENIEN
UNGARN
Martigny
RUMÄNIEN
Vigo
Mailand
15
Ljubljana
Bilbao
Rhône
Kronstadt
Verona
Toulouse
Po
Temeschburg
Turin
Umag
Zagreb
KROATIEN
Valladolid
10
Venedig
20
13
Montpellier
19
Porto
Belgrad
Ebro
Genua
BOSNIEN HERZEGOWINA
Bukarest
Foix
Bologna
Konstanza
Narbonne
Nizza
Zaragoza
SAN MARINO
Marseille
MONACO
Zadar
SERBIEN
PORTUGAL
Mallos de Riglos
ANDORRA
Sarajevo
Donau
Florenz
Tajo
Madrid
Varna
ITALIEN
Adria
BULGARIEN
Dubrovnik
Lissabon
Priština
Schwarzes
Barcelona
Korsika
Sofia
SPANIEN
MONTENEGRO
KOSOVO
Burgas
Meer
14
Rom
Podgorica
Plovdiv
Skopje
12
Valencia
Bari
Tirana
MAZEDONIEN
İstanbul
Sardinien
Córdoba
Neapel
ALBANIEN
Palma
Faro
Sevilla
Mallorca
Thessaloniki
Bursa
Murcia
Alicante
Tyrrhenisches
Tarent
Cádiz
Granada
Ägäisches
Cartagena
Meer
Málaga
Cagliari
Korfu
Tanger
Almeria
Mittelmeer
TÜRKEI
Meer
Palermo
Messina
Ionisches
GRIECHENLAND
İzmir
Rabat
Oran
Algier
Tunis
Meer
Athen
Anaba
Catania
Casablanca
Fes
Oujda
Sizilien
Sousse
MALTA
ALGERIEN
Kreta
Heraklion
MAROKKO
TUNESIEN
Valletta

Motorrad Traumstraßen Europa

Ob in den Bergen oder am Meer – Traumstraßen wie diese gibt's allerorten in Europa.

DIE BESTEN TOUREN UND SCHÖNSTEN STRECKEN

MOTORRAD TRAUMSTRASSEN EUROPA

Ralf Schröder, Heinz E. Studt,
Jürgen Grieschat, Thomas Krämer,
Markus Golletz, Elke Potthoff,
Volker Wahmkow

BRUCKMANN

Inhalt

Wie geht es weiter?
Der Reiz des Unbekannten
ist es, der auch uns Autoren
tagtäglich lockt.

Vorwort

Wovon träumen Motorradfahrer? Die einfachste Antwort wäre jetzt »Traumstraßen« – aber jeder träumt halt anders. Die Cruiser-Fraktion denkt an Highways wie in Kanada, die Racer an eine kurvenreiche Rennstrecke, und den Enduristen ist der holperige Eselsweg in den Pyrenäen noch zu soft.

Zum Glück hat Europa eine so große Vielfalt zu bieten, dass auch wir als Motorradfahrer in fast allen Ländern dieses Kontinents irgendwie glücklich werden können. Dabei dürfen die persönlichen Vorlieben gern unterschiedlich sein: Wer Einsamkeit bevorzugt, schätzt den Norden Norwegens. Wer es lieber warm hat, wird in Kroatien, Spanien und Portugal fündig. Und wer ausgefallene Routen unter die Räder nehmen möchte, sollte einen Blick auf das Transsylvanien-Kapitel werfen.

In diesem Buch haben verschiedene Autoren ihre Lieblingsstrecken in Europa zusammengetragen. Das reicht von Klassikern wie der Großglockner Hochalpenstraße in Österreich und der Route des Crêtes in den Vogesen, die bei schönem Wetter immer wieder ein Genuss sind, bis hin zu eher ausgefallenen Touren, sei es in Masuren im Osten Polens oder die Winterfluchten in Portugal. Es sind kurze Touren dabei, die für ein schönes Wochenende taugen und Strecken, die besser als längere Motorradreise angepackt werden.

So verschieden wir Autoren auch sein mögen, so unterschiedlich unsere Vorlieben ausfallen, eint uns dennoch in diesem Buch der Spaß an Motorradreisen. Wir möchten Euch nicht nur tolle Strecken vorstellen, sondern auch die Vielfalt Europas näherbringen. Europa ist mehr als EU-Politik und Euro – entdeckt es auf eigene Faust. Redet mit den Menschen, schmeckt den Unterschied der regionalen Küchen, probiert den Wein in Spanien und das Bier in Litauen! Wenn Ihr dann erfahrt, dass dieser alte Kontinent mit seinen vielfältigen Kulturen ein großartiges Revier für Motorradfahrer ist, hat dieses Buch seinen Zweck erfüllt. Ich bin mir sicher, dass Ihr Eure persönliche Traumstraße finden werdet.

Das wünscht Euch im Namen aller Autoren dieses Buches
Ralf Schröder

Die wahrscheinlich schönste Route gen Norden
läuft über die norwegische Küstenstraße Rv 17.

Nicht nur Nordkap

Das Nordkap ist das Ziel. Die Kunst einer Motorradreise in die Regionen nördlich des Polarkreises besteht darin, auch den wahren, einsamen Norden abseits des Nordkaps zu entdecken – dann lohnt der weite Weg.

Das Nordkap polarisiert: Für die einen ist es das Traumziel, das man einmal im Leben mit dem Motorrad erreicht haben muss, für die anderen ist es eine langweilige Touristenattraktion, bei der man sich die Reifen eckig fährt. Beide haben in gewisser Weise recht: Das Gefühl, dass zwischen dir und dem Nordpol nur noch Wasser kommt, ist schon beeindruckend. Am Nordkap endet die zuvor unendlich scheinende Weite – jedenfalls an Land. Wenn dann im August ein Schneeschauer runterkommt oder die Wolken dir auf hundert Metern Höhe um die Ohren fetzen, dann musst du dir als Motorradfahrer das Nordkap manchmal erkämpfen. Das hat was! Aber wenn dann am Nordkap 70 Busse stehen, hält sich das Vergnügen in Grenzen. Nur ein Argument zählt nicht: Wer über eckige Reifen klagt, hat die verkehrte Route gewählt oder fährt den verkehrten Reifen.

Alle Wege führen nach Rom … aber zum Nordkap? Grob gerechnet fünf bis sechs etwa: zwei durch Finnland, zwei durch Schweden und zwei durch Norwegen. Wer bis an den nördlichsten Punkt Europas mit dem Motorrad fahren will, muss mit rund 2500 Kilometern pro Strecke rechnen, bei solchen Entfernungen will auch die Routenwahl wohlüberlegt sein. Drei Wochen reichen für eine schöne Tour aus, bei zwei Wochen ist schon Dampf im Kessel und Hardcorefahrer der Sorte Iron Butt ziehen das in einer Woche durch. Aber ehrlich gesagt: Davon gibt es nicht (mehr) viele.

Es gibt eine Grundregel für Nordkap-Fahrer: Je weniger Zeit du hast, umso eckiger werden die Reifen, weil du dann die schnellen, geraden Strecken wählen musst. Wer sich Zeit nimmt, kann oft auf kleinere Straßen ausweichen, und schon wird es nett. Der zweite Tipp ist ähnlich simpel: Warum so weit nach Norden fahren und dann bloß das Nordkap anschauen? Der wahre Norden hat vielleicht nicht das Image des Nordkaps, ist aber teilweise viel spannender. Also vergiss die E4 durch Schweden, denk nicht über E63 und E75 in Finnland nach und verlass die E6 in Norwegen so oft wie möglich. Was dann bleibt? Rv 17, die Küstenstraße in Norwegen!

Auf der Küstenstraße bei Berlevåg: Zwischen Nordkap und russischer Grenze liegt der wahre Norden.

Antikes und Kuriosa im Landhandel von Kongsfjord (links). Von Vardø nach Hamningberg fährt man kurvenreich ans Ende Europas (rechts).

Nördlich von Trondheim beginnt die Rv 17 und führt nach Namsos. Es fängt gleich mit reichlich Kurven und Kuppen an. Nach zwei Stunden stellt sich die Frage, ob die nicht endlich auch mal wieder ein Stück gerade Straße bauen können? Pausen gibt es an den Fähren, die man täglich mehrfach benutzen muss. Dass du in Nordnorwegen bist, merkst du am Fahrplan: Wo in Fjordnorwegen auf den wichtigen Straßen alle 30 bis 45 Minuten eine Fähre geht, gibt es auf dem Riksveg 17 Fähren, die in der Nebensaison nur drei Mal am Tag fahren. Und in der Hauptsaison einmal mehr. Am Anleger noch nicht mal ein Bushaltestellenhäuschen zum Unterstellen bei Regen: Ist die Fähre weg, ist sie weg. Der nächste Kiosk ist 50 Kilometer weiter – mindestens. Wohl dem, der eine Thermoskanne dabei hat und etwas Proviant. Beides gehört im Norden immer ins Gepäck.

Wer über eckige Reifen klagt, hat die verkehrte Route gewählt oder fährt den verkehrten Reifen

Es gibt kleine Städte an der Küstenstraße: Brønnøysund, Sandnessjøen und Ørnes sind Unterzentren, hier findet man Hotels, Tankstellen und bekommt etwas zu essen. Große Attraktionen sucht man vergebens, die Landschaft macht hier das Kinoprogramm. Der Berg Torghatten mit dem Loch in der Mitte, die »Sieben Schwestern«, eine imposante Bergreihe bei Sandnessjøen oder der Gletscher Svartisen bei Ørnes. Wie kraftvoll die Natur ist, lässt sich eindrucksvoll am Saltstraumen bei Bodø erkennen: Ebbe und Flut drücken Wassermassen durch eine Landenge, sodass sich gewaltige Strudel bilden. Wenn der Druck am höchsten ist, wirkt der Gezeitenstrom, als würde er kochen.

Wer einen Abstecher auf die Lofoten verpasst, ist selbst schuld. Bis zu 1000 Meter hoch ragen die Gipfel dieser Inselgruppe aus dem Nordmeer, steil und schroff – man glaubt aus der Entfernung kaum, dass hier menschliches Leben möglich ist. Und doch liegen Dutzende Fischerdörfer auf den Inseln. Die Lofoten haben immer vom Meer gelebt, genauer gesagt von der Lofotfischerei, dem größten Saisonfischfang Europas. Zwischen Januar und April ziehen große Dorschschwärme an den Inseln vorbei, dann sind sie draußen, mit kleinen Fischkuttern zum Dorschfang. Der Fisch wird paarweise an den Schwanzflossen zusammengebunden und drei Monate an der Luft getrocknet. Als Trockenfisch wird er dann vornehmlich in

Für einen Abstecher auf die Lofoten sollte man zwei bis drei Tage einplanen. Hier dreht sich alles um den Dorsch, vom Trockengestell über die urige Hütte bis zu den Kuttern im Hafen von Henningsvær.

katholische Länder verkauft. Hauptabnehmer sind immer noch Italien und Portugal.

Zwei oder vier Stunden dauert die Fährüberfahrt auf die Lofoten, je nach Route. Im Norden besteht eine feste Landverbindung. Eine Brücke über den Raftsund führt auf die benachbarte Inselgruppe der Vesterålen. Hier wird es Zeit, ins Inland zur E6 abzubiegen. Aber der Name Europastraße hört sich weit größer an, als die Straße hier oben nördlich des Polarkreises ist. Nach Tromsø, wo viele Polarexpeditionen begannen und endeten, ist es nur ein kurzer Abstecher. Hier ist alles das »nördlichste der Welt«: die nördlichste Universität, die nördlichste Brauerei und nicht zu vergessen die Eismeerkathedrale, das Wahrzeichen der Stadt. Angenehmer Nebeneffekt: Hier gibt es endlich mal wieder einen Motorradhändler, der im Notfall Reifen besorgt oder kleinere Reparaturen ausführt.

Bis zum Nordkap sind es jetzt »nur noch« rund 500 Kilometer. Die Entfernungen im hohen Norden sind eine ganz eigene Erfahrung: Allein die Ost-West-Ausdehnung Norwegens zwischen Narvik und Kirkenes beträgt rund tausend Straßenkilometer. Mit anderen Worten: Da oben passt Deutschland einmal quer rein.

Ein Tunnel verbindet das Festland mit der Insel Magerøya, auf der das Nordkap

liegt. Honningsvåg, der Hauptort der Insel, ist wahrlich keine Schönheit, aber wegen der Tankstelle für die meisten Motorradfahrer ein Pflichtstopp. Dann endlich die Nordkap-Halle. Eintritt widerwillig bezahlt – und dann kommt er, der nördlichste Souvenirshop der Welt: Rentierfelle (Vorsicht, die haaren doll), Pudelmützen und Aufkleber, Norwegerpullover und Stoffrentiere. Lieber schnell raus auf das Plateau, wo alle ein Bild mit dem Globus machen wollen. Rund 350 Meter über dem Meer und freier Blick Richtung Nordpol. Wenn dann noch zu Mitternacht klare Sicht herrscht und man ein Foto von der Mitternachtssonne über dem Horizont schießen kann, ist die (Touristen-)Welt wieder in Ordnung.

Das wahre Nordnorwegen aber liegt weiter östlich. Dazu muss man weiter fahren und die Fischerdörfer an der Küste besuchen. Nach Kjøllefjord fährt Hurtigruten quer über den Porsanger- und den Laksefjord in zwei Stunden. Mit dem Motorrad außen um die Fjorde herum sind es rund 400 Kilometer, also eine volle Tagestour. Die Dimensionen beeindrucken. Die Vegetationsgrenze, die in den Alpen bei 1600 Höhenmetern liegt, liegt hier bei 150 bis 200 Metern. Ein »Pass« mit 350 Metern Höhe fühlt sich schon alpin an, jedenfalls bei drei Grad und quer liegendem Regen im August. Das Ifjordfjell hinüber nach Tana Bru ist auch nicht viel höher und nicht mit Alpenstraßen zu vergleichen. Aber diese Einsamkeit, diese spröde, abweisende Natur können faszinie-

Schroff ragen die Berge der Lofoten aus dem Nordmeer empor – ein grandioser Anblick.

Am Ziel: Der Globus am Nordkap im Lichte der Mitternachtssonne (oben)
Achtung: Rentiere auf der Straße (rechts)

ren. In Kongsfjord erzählt der Inhaber des Landhandels, dass die Straße nach Berlevåg für ihre Fallwinde berüchtigt sei. Da liegt schon mal ein Fischerboot jenseits der Straße an Land. Oder es pustet ein Wohnmobil von der Straße. Es sind diese Unbilden der Natur, die dich klein werden lassen.

Und wenn dir mal wieder jemand erzählen will, das Nordkap würde sich als Reiseziel nicht lohnen, dann ist das Quark. Es gibt nämlich Wege dorthin, die diese Motorradreise zu einem unvergesslichen Erlebnis machen. Man muss sie nur kennen und sich die Zeit dafür nehmen. Das Nordkap bildet nur den Anlass, nach Nordnorwegen zu fahren. Im Kopf bleiben die Küstenstraße Rv 17, die Lofoten und die großen Halbinseln östlich des Nordkaps.

INFORMATION

Allgemeines: Norwegen ist zwar nicht in der EU, aber über die nordische Zusammenarbeit assoziiertes Mitglied des Schengener Abkommens. Passkontrollen an der Grenze beschränken sich auf Stichproben.
Immer mehr Tankstellen in Norwegen sind unbemannt. Auch an Wochenenden muss man oft mit Tankautomaten vorlieb nehmen. Gezahlt werden kann dort nur mit Kreditkarten wie MasterCard oder Visa und dem dazu gehörigen PIN-Code. Bank- und EC-Karten werden in der Regel nicht akzeptiert!

Anreise: Die Wahl der Fährverbindung hängt davon ab, wie viel Zeit insgesamt zur Verfügung steht. Will man eine Strecke schnell zurücklegen, empfiehlt sich für die Hinfahrt die Route Travemünde–Helsinki (Finnlines). Vorteil: Helsinki ist der nördlichste Fährhafen, der von Deutschland aus angelaufen wird. Nachteil: Die nachfolgende Route ist relativ langweilig. Fast genauso weit nördlich liegt Oslo, das von Kiel aus angelaufen wird (Color Line). Nachteil: das hohe Preisniveau, auch an Bord. Vorteil: Trondheim ist in zwei Tagen erreicht. Einen guten Kompromiss stellt die Route Kiel–Göteborg (Stena Line) dar. Vorteil: Die Strecke ist günstiger als die Mitbewerber, die Routen durch Schweden laufen zügig. Nachteil: Man benötigt einen Fahrtag mehr.

Reisezeit: Auf den großen Flüssen im hohen Norden bricht das Eis erst im Mai. Vor Juni sollte man nicht zum Nordkap starten. Das Wetter kann sehr unterschiedlich sein, weil mehrere Klimazonen durchfahren werden. An der Küste auf dem Rv 17 ist es oft wechselhaft, ein feucht-maritimes Klima herrscht vor. Für den äußersten Nordosten gilt der August als optimaler Monat mit dem stabilsten, sonnigsten Wetter. Die Temperaturen können zwischen 5 und 25 Grad schwanken.

Reisedauer und Wegstrecke: Man kann es rechnen, wie man will, weniger als 5000 Kilometer werden es nicht, eher mehr. Durch die geringe Verkehrsdichte sind Tagesetappen von 500 bis 800 Kilometern machbar, jedenfalls auf den Überlandstraßen. Da sind wir dann aber wieder beim Thema eckige Reifen. In zwei Wochen ist eine Nordkap-Tour machbar, das heißt aber jeden Tag fahren, maximal ein Ruhetag und keine Zeit für Abstecher zum Beispiel auf die Lofoten. In drei Wochen kann man die beschriebene Küstentour ab Deutschland und zurück machen, muss aber auf An- und Abreise an je zwei Tagen etwas Strecke machen.

Die Route im Detail: Trondheim – Namsos – Brønnøysund – Sandnessjøen – Ørnes – Bodø – Lofoten – Bjerkvik – Tromsø – Alta – Honningsvåg – Nordkap – Olderfjord – Lakselv – Kjøllefjord – Tana Bru – Abstecher Berlevåg – Abstecher Vardø – Kirkenes. Gesamt ca. 3200 Kilometer

Übernachten: Campinghütten sind in Norwegen eine gute Alternative zu Hotels. Es gibt sie auf nahezu jedem Campingplatz. Je mehr Leute eine Hütte nutzen, umso günstiger wird sie. Für Einzelreisende kann ein Hotelzimmer teilweise sogar billiger werden. Je weiter man nach Norden kommt, umso seltener werden die Campingplätze. Wer bei schlechtem Wetter eine Hütte sucht, muss früh anfangen. Abends ist oft schon alles voll. Hotels gibt es in allen größeren Orten. Man kann sie auch über Motorradreiseveranstalter vorbuchen, das erspart das abendliche Suchen nach einem Quartier.

Maut: Viele Straßen sind in Norwegen für Pkw mautpflichtig, aber nur ganz wenige für Motorräder. Die Maut für den Tunnel zur Insel Magerøya wurde abgeschafft, nachdem das Bauwerk abbezahlt war.

Karten: Die besten Straßenkarten stammen vom norwegischen Verlag Cappelen und werden in der deutschen Lizenzausgabe von Kümmerly & Frey vertrieben. Für die beschriebene Route benötigt man die Blätter 3 (Raum Trondheim), 4 (Küstenstraße Rv 17 und Lofoten) sowie 5 (Troms und Finnmark).

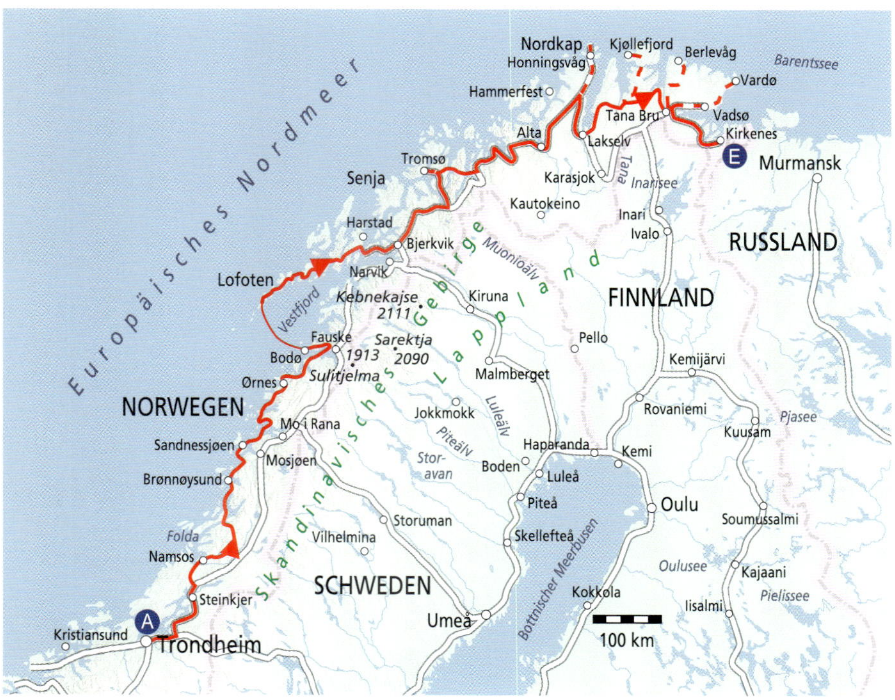

Der Sognefjord ist der längste
und tiefste Fjord Norwegens.

Kurvenspaß zwischen Fjord und Fjell

Kurven satt vom Meeresarm bis ins Hochgebirge und wieder zurück: In Fjordnorwegen finden Motorradfahrer zahlreiche dramatische Strecken von den Fjorden hinauf ins karge Fjell.

Der Kapitän scheint Zeit zu haben. Er steuert die kleine Autofähre ans Ufer des steilen Lysefjords, um den Fahrgästen eine Felshöhle in der Wand zu zeigen, die früher wohl Räubern als Versteck gedient haben soll – so erzählt man sich hier in der Region Stavanger. Der Bug der Fähre berührt fast den Fels, so nah hat er das Fährschiff ans Ufer manövriert. Droben im blauen Himmel zeichnet sich der Preikestolen ab, die Felskanzel, von der es rund 600 Meter fast lotrecht zum Fjord hinabgeht. Mit dem Fernglas sind winzige Menschen zu erkennen, die sich dort oben bewegen oder den Abgrund hinunterblicken. Ich schaue lieber von unten hoch.

Ein Wasserfall schöner als der andere. Und noch höher, breiter oder mit mehr Gischt

Wer in Kristiansand in Südnorwegen mit der Fähre ankommt, hat gleich die Qual der Wahl. Durch das schöne Setesdal nach Norden oder lieber die teilweise spektakuläre Küstenstraße in Richtung Stavanger nehmen? Wir haben uns für eine Mischung aus beidem entschieden. Zuerst sind wir über Flekkefjord und Egersund nach Stavanger gefahren, haben uns das norwegische Ölmuseum angeschaut und dann die Touristenroute per Fähre durch den Lysefjord, den südlichsten der großen Fjorde, genommen. Was stört schon etwas Zickzackfahren im Urlaub?

Das macht der Kapitän der Fähre auf dem Lysefjord auch, weil am anderen Ufer Seehunde liegen. Und kurz vor dem Ende der Tour bei Lysebotn stoppt er das Schiff. Es folgt eine Ansage auf Norwegisch und Englisch, und alle Köpfe drehen sich nach rechts oben: Beinahe 1000 Meter über uns am Rande des Felsmassivs Kjerag stehen Basejumper zum Absprung bereit. In ihren Batman-Anzügen springen sie in die Tiefe in Richtung Fjord. Auf den letzten – geschätzt – 200 Höhenmetern wird die Reißleine gezogen und der Fallschirm öffnet sich. Ihr Ziel ist eine kleine Halbinsel im Fjord, die sie mit ihrem Sportgerät ansteuern. Applaus von der Fähre. Der Kapitän hält Funkkontakt zu den Basejumpern oberhalb des Fjords und weiß, dass gleich noch zwei springen werden.

Dass ein Fährkapitän seinen Passagieren solch ein Unterhaltungsprogramm bietet, ist einmalig in Norwegen. Das gibt es nur im Lysefjord. Und das Motorradfahren geht

Ein Fußweg führt hinter den Wasserfall Steindalsfossen (oben). Lohnende Besichtigungen: Die Stabkirche von Borgund (unten links) und das Hanseatische Museum in Bergen (unten rechts).

ähnlich spektakulär weiter: Wir touren nämlich von Lysebotn am Fjordende genau die tausend Höhenmeter hinauf, die die Basejumper nach unten springen. Serpentine um Serpentine schraubt sich die Straße nach oben. 28 Kehren werden es am Ende sein, steht in einem Reiseführer, 27 sind es bei Wikipedia. Ist mir doch egal, ich habe keine Lust zum Mitzählen, ich will fahren.

Der Brokke-Suleskar-Vegen wurde genau wie die Straße nach Lysebotn als Zufahrt für das Wasserkraftwerk gebaut. Oben in den norwegischen Bergen befinden sich unzählige Stauseen. Durch Fallrohre stürzt das Wasser im Berg auf die unterirdischen Turbinen. Nur wenige alte Kraftwerke sind noch von außen zu sehen. Die Straße führt über eine Hochebene zum Setesdal, sodass wir auch dieses eher liebliche Tal durchqueren können. Die Kurvenradien werden wieder kommod, die Durchschnittsgeschwindigkeit steigt ein wenig … wenn man nicht für jeden Wasserfall bremst. Das passiert Norwegenneulingen an den ersten Tagen ständig. Ein Wasserfall schöner als der andere. Und noch höher, breiter oder mit mehr Gischt. Keine Sorge, das legt sich nach zwei bis drei Tagen,

Der Geirangerfjord (links) und der kehrenreiche Pass Trollstigen (rechts) zählen zu den berühmten Attraktionen Fjordnorwegens.

dann wird nur noch für die ganz großen Wasserfälle gebremst.

Das Setesdal führt hinauf auf Norwegens bekannteste Hochebene, die Hardangervidda. Die E134 ist die südliche Verbindung von Oslo über die Berge an die Westküste. Sie ist gut ausgebaut, und die Passhöhe verläuft in einem Tunnel. Das muss ja nicht sein, denke ich mir und halte Ausschau nach dem alten Straßenverlauf, der immer noch existiert. Schilder zur alten Passstraße gibt es nicht, aber vor dem Tunnel kann man rechts abbiegen. Versuchen wir es doch mal. Und siehe da, es geht mit grandioser Aussicht über den alten Pass, einspurig mit Ausweichstellen und schlechtem Asphalt, aber das stört nicht wirklich.

Einer der Wasserfälle, für die fast alle Touristen bremsen, ist der Låtefossen, der auf dem Weg hinab an den Sørfjord liegt, ein Arm des Hardangerfjords. Das Wasser gischtet über die Straße, sodass man auch bei schönstem Wetter mal eben eine Dusche abbekommt. Das Tempo-50-Schild ist nötig, weil der Parkplatz auf der einen und der Wasserfall auf der anderen Straßenseite liegen. Bremsende, ein- und ausparkende Autos, Leute, die über die Straße laufen: Der Låtefossen hat das Zeug dazu, der erste Wasserfall mit Ampel zu werden.

Wir überqueren den Hardangerfjord auf der neuen Brücke bei Bruravik und nehmen die Straße 7 nach Bergen am Fjord entlang. Unvorstellbar, dass diese Straße über Jahrzehnte die Hauptverkehrsader zwischen Bergen und Oslo war! Es gibt einspurige Passagen mit Ausweichstellen über dem Fjord. Die schwarzen Bremsspuren zeugen davon, dass es hier gelegentlich ziemlich eng zugeht. Das Tagesziel ist die Hansestadt Bergen, Norwegens zweitgrößte Stadt. Wenn man es genau nimmt, war Bergen nie eine echte, stimmberechtigte Hansestadt. Das Kontor der Hanse richteten die deutschen Kaufleute gegen den Widerstand der Bergenser ein, erst nach einer Seeblockade räumten die Bewohner den Hansekaufleuten Handelsprivilegien ein. Noch Ende der 1950er-Jahre gab es Pläne, die Holzhäuser des ehemaligen Hanseviertels am Hafen abzureißen. Heute sind sie die größte Attraktion der Stadt.

Weiter fahren wir an den Sognefjord. Während der Lysefjord schroff und abweisend wirkt und der Hardanger durch den Obstanbau an seinen Ufern schon etwas

Liebliches hat, imponiert der Sognefjord durch seine Ausmaße: Über 200 Kilometer lang, über 1300 Meter tief an seiner tiefsten Stelle und viele Arme, die für sich allein genommen schon eine Reise wert sind. Wir gönnen uns einen Abstecher über Gudvangen und durch den ersten Tunnel nach Undredal. Bevor die beiden langen Straßentunnel gebaut wurden, war Undredal über Jahrhunderte nur per Schiff vom Aurlandsfjord aus zu erreichen. So ein wenig aus der Zeit gefallen wirkt Undredal bis heute. Während in Flåm am Ende des Aurlandsfjords die Preise explodieren und sich die Kreuzfahrtschiffe in der Saison den Tampen in die Hand geben, wirkt Undredal altmodisch und gemütlich.

Balestrand hingegen, am nördlichen Ufer des Sognefjords, war schon zu Kaisers Zeiten populär. Kaiser Wilhelm II. hat den Ort regelmäßig besucht, und das örtliche Hotel versteht es, daran zu erinnern. Die prachtvolle Lage direkt am Fjord begeistert bis heute, auch wenn ein Anbau aus den Sechzigern das historische Gebäude ergänzt. Bei Balestrand zweigt der Fjærlandsfjord ab. Mit dem Neubau einer Straße wurde die Fährverbindung durch den Fjord eingestellt – und damit war einer der schönsten Arme des Sognefjords auf einmal nicht mehr zugänglich. Nun hat man ein älteres, kleines Fährschiff reaktiviert, das nicht mehr im Liniendienst benötigt wurde. Im Sommer fährt es von Balestrand nach Fjærland – auch eine dieser wunderbaren Panoramarouten wie im Lysefjord.

Wir nehmen aber lieber die Kurven des Gaularfjells hinauf, um weiter nach Norden zu kommen. Das ist eine Strecke fast ohne Verkehr mit gut ausgebauten Serpentinen. Oben gibt es einen Parkplatz mit Blick zurück ins Tal, dann geht es kaum mehr als einspurig nach Nordwesten. Man gewöhnt sich schnell an diese Straßenbreite. Blaue

Norwegens zweitgrößte Stadt Bergen lockt mit dem historischen Hanseviertel (oben) und dem Fischmarkt (unten).

Wo schon Wilhelm II. weilte: Kvikne's Hotel in Balestra65µnd

Denkmal für eine Wikingerschlacht bei Stavanger: »Sverd i Fjell«

Schilder mit einem M kennzeichnen die Ausweichstellen, die man als Motorradfahrer aber nur in seltenen Fällen benötigt.

Der vierte der berühmten Fjorde fehlt noch: der Geirangerfjord. Man kann nur ein sehr kurzes Stück an seinem Ufer entlangfahren, und es gibt nur eine Ortschaft, nämlich Geiranger. Diese Lage ist selbst für norwegische Verhältnisse einmalig: Eingekesselt von Bergen gibt es zwei Passstraßen, die nach Geiranger führen und eine Fährverbindung über den Fjord. Die Zufahrt von Osten gehört zu den Pässen mit der längsten Wintersperre in Norwegen. Im oberen Bereich liegen bis weit in den Mai hinein oft noch die Schneemassen. Dann ist auch der Aussichtsberg Dalsnibba nur von »unten«, also vom Fjord aus erreichbar. Für Motorradfahrer ist der Dalsnibba gewöhnungsbedürftig: Eine breite, mautpflichtige Schotterpiste windet sich in Serpentinen bis auf 1500 Höhenmeter. Wenn im Sommer die Busse mit den Kreuzfahrtgästen den Schotter in den Kurven matschig fahren, ist die Tour mit dem Motorrad kein Genuss – wohl aber bei klarer Sicht die Aussicht aus eineinhalb Kilometern Höhe auf Geiranger und den Fjord. Spielzeughäuser, Spielzeugschiffe – alles wirkt ganz klein dort unten.

Zu den Berühmtheiten Norwegens gehört natürlich auch die Adlerstraße, die nördliche Zufahrt nach Geiranger, die vom Fjordufer zu der kleinen Passhöhe führt. Tolle Ausblicke in den Fjord hinein hat man an der Kehre Ørnesvingen. Aber man sollte auch diese Strecke fahren, bevor die Kreuzfahrtschiffe ihre Gäste ausspucken. Bis zum Trollstigen benötigen die Busse sowieso länger als die Motorräder. Hier muss man nur eine grundsätzliche Frage beantworten: Rauf oder runter? Ähnlich wie beim Maloja-Pass in der Schweiz führt der Trollstigen aus einem Hochtal hinab in ein tiefer gelegenes Tal. Rauf ist mit dem Motorrad eigentlich schöner. Oder runter, rauf, runter – sofern keine Wohnmobile oder Busse die Strecke blockieren. Der Trollstigen ist halt nicht nur bei Motorradfahrern bekannt.

Atlanterhavsvegen, die Atlantikstraße ist weniger für ihre Kehren bekannt, sondern für ihre ungewöhnliche Streckenführung am Rande des Meeres. Der sehenswerte Teil ist recht kurz, immerhin gibt es aber ein paar Parkplätze. Die nächste Stadt ist Kristiansund, die um einen natürlichen Hafen herum gebaut wurde. Bis nach Trondheim ist es noch eine knappe Tagestour auf Nebenstrecken. Oder doch lieber zurück nach Ålesund und dem Westkap noch einen Besuch abstatten? Eigentlich ist die Wahl der Route in Fjordnorwegen ziemlich egal: Nicht nur die Fjorde mit den berühmten Namen sind toll, es gibt überall schöne Motorradstrecken.

INFORMATION

Allgemeines: Norwegen ist nicht Mitglied der EU, aber dem Schengen-Abkommen assoziiert. Für die Einreise reicht ein Personalausweis. Unter Fjordnorwegen versteht man die vier Regierungsbezirke im Westen des Landes: Rogaland mit der Hauptstadt Stavanger, Hordaland mit Bergen, Sogn og Fjordane rund um den Sognefjord sowie Møre og Romsdal als nördlichste Provinz.

Anreise: Der kürzeste Weg mit der Fähre führt vom dänischen Hirtshals nach Kristiansand. Hier fahren die Reedereien Fjord Line mit einem schnellen Katamaran bis zu drei Mal täglich von Mai bis August sowie Color Line mit einem großen Fährschiff zwei Mal täglich. Direkt nach Fjordnorwegen fährt Fjord Line von Hirtshals nach Stavanger und Bergen. Das Schiff legt abends in Hirtshals ab, man benötigt eine Kabine. Östliche Routen führen von Oslo nach Kiel (Color Line) und von Oslo nach Frederikshavn in Dänemark (Stena Line). Wer noch ein kleines Stück Schweden sehen will, kann auch bequem von Kiel nach Göteborg fahren.

Reisezeit: Die touristisch interessanten Pässe in Fjordnorwegen öffnen meist Mitte Mai. In Einzelfällen kann es noch bis Anfang Juni zu Wintersperren kommen. Die Saison dauert mit dem Motorrad bis Ende August, die erste Hälfte September kann schon schwierig werden.

Reisedauer und Wegstrecke: Die vorgestellte Route benötigt etwa eine Woche. Mit An- und Abreise und vielleicht ein bis zwei freien Tagen werden schnell zwei Wochen daraus. Durch die Fjordfähren schafft man weniger Kilometer als sonst pro Tag. Besser ist es, in Zeit zu rechnen: 5 bis 6 Fahrstunden ohne Pausen gerechnet reichen für etwa 250 bis 300 Kilometer. Die Tour wie beschrieben von Kristiansand (S) bis Kristiansund (N) umfasst etwa 1500 Kilometer. Die Angaben S für Süd und N für Nord dienen in Norwegen dazu, die beiden Städte mit den sehr ähnlichen Namen zu unterscheiden.

Die Route im Detail: Kristiansand – Mandal – Flekkefjord – Egersund – Stavanger – Forsand – Lysebotn (Lysefjord) – Brokke – Setesdal – Hovden – Røldal – Odda – Kinsarvik – Eidfjord – Norheimsund – Bergen – Voss – Abstecher nach Gudvangen und Undredal – Vangsnes – Dragsvik – Balestrand – Gaularfjell – Skei – Stryn – Geiranger – Eidsdal – Valldal – Trollstigen – Åndalsnes – Molde – Atlantikstraße – Kristiansund

Übernachten: Die Campingplätze in Fjordnorwegen sind überwiegend gut bis sehr gut ausgestattet. Bei den Hütten muss man zwischen einfachen Campinghütten ohne Wasser und voll ausgestatteten Ferienhäusern unterscheiden. Für Einzelreisende machen Hütten preislich keinen Sinn. Wenn sich mehrere Personen eine Hütte teilen, ist der Preis pro Person günstiger als ein Hotelzimmer. Bed and Breakfast, Pensionen oder Gasthöfe gibt es in Norwegen so gut wie gar nicht, aber die Auswahl an Hotels ist gut. Hotelbuchungen über Reiseveranstalter sind in der Regel günstiger, als wenn man sich vor Ort Hotels sucht.

Maut: Pkw zahlen in Norwegen auf vielen öffentlichen Straßen Maut, Motorräder so gut wie nie. Einzige Ausnahme auf der beschriebenen Route: die Atlantikstraße bei Kristiansund ist auch für Motorräder mautpflichtig. Bei Privatstraßen wie zum Dalsnibba müssen auch Motorräder Maut zahlen.

Karten: Bis besten Karten stammen aus dem norwegischen Cappelen Verlag und werden in der deutschen Lizenausgabe von Kümmerly & Frey in der Schweiz verlegt. Benötigt werden die Karten Norwegen 1 und 2. Der Maßstab 1:335 000 reicht völlig aus.

Der eine oder andere Abstecher kann in Småland schon mal über einen Schotterweg führen.

Entdeckungstour durch Schwedens Süden

In der Heimat von Michel und Pippi Langstrumpf finden sich zahlreiche Landstraßen, die ideal für entspannte Motorradtouren sind. Das småländische Hochland lockt mit roten Holzhäusern, Kurven und blauem Himmel.

Die Schweden legen Wert auf ihre Traditionen. Der alte Landhandel von Korrö beherbergt die Rezeption einer Jugendherberge. Und wer süße Kuchen mag, wird die schwedischen Konditoreien lieben (rechts).

Ein kleiner blonder Junge winkt uns vom Straßenrand aus zu. Er sieht aus wie Michel aus der Suppenschüssel oder Bosse aus Bullerbü. Na gut, die Jungs aus Astrid Lindgrens Büchern haben wohl nicht Motorrädern zugewinkt, ich kann mich jedenfalls an keine Textpassage in den Kinderbüchern erinnern. Aber sonst passt hier alles: rote Holzhäuser, dunkelgrüner Wald, dazwischen glitzern Seen, und der Himmel ist sensationell blau. Schweden zeigt sich von seiner besten Seite.

Wir sind zu zweit unterwegs in Småland, einer der schönsten Landschaften Schwedens. Birgit mit einer Ducati Monster 800 S2R, ich mit einer Multistrada 1200 Touring. »Was wollt Ihr denn mit so sportlichen Bikes in Schweden?« sind wir vor der Tour gefragt worden. Wer in Schweden nur die breit ausgebauten und fahrerisch langweiligen Überlandstraßen kennt, mag so denken. Aber auf den kleinen alten Landstraßen ist es anders: verlässliche Kurvenradien, wenig Verkehr und eine abwechslungsreiche Landschaft. Hier kann man nicht nur gut cruisen, sondern auch mit sportlichen Motorrädern viel Spaß haben.

Mit der Fähre sind wir morgens in Trelleborg angekommen. Skåne, der südlichsten Provinz Schwedens, sieht man es noch an, dass sie über Jahrhunderte zu Dänemark gehörte. In Ystad machen wir eine Pause für das zweite Frühstück. Henning Mankell lässt in Ystad ständig Leute umbringen, zuerst nur in Büchern, nun auch gefühlt auf allen Fernsehkanälen. Jetzt kommen Touristen und wollen den schaurigen Ort entdecken, finden aber nur eine sehr beschauliche Kleinstadt mit putzigen Fachwerkhäusern. Keine Leichen, keine Blutspritzer an den Hauswänden, stattdessen leckerer Kaffee und süße Brötchen.

An der Küste fahren wir weiter gen Nordosten. Skåne gilt als die Kornkammer Schwedens, hier dominieren noch weite Felder das Bild der Landschaft. Die Landstraße ist sanft geschwungen, hin und wieder überholen wir ein paar Wohnmobile und zuckelnde dänische Urlauber. Zweiter Stopp ist das Fischerdorf Kåseberga, das durch Ales Stenar berühmt wurde. Das ist eine sogenannte Schiffssetzung, ein kultischer Kreis aus hohen Findlingen, der sich in Schiffsform oben auf der Steilküste über dem Fischerdorf befindet. Das »Stonehenge Schwedens« sozusagen, vielleicht nicht ganz so kunstvoll und monumental, aber ähnlich mystisch und dazu schöner gelegen.

Am See Ivosjön biegen wir von der Küste ins Landesinnere ab. Eine Panoramastraße führt um den See herum. »Humleslingan« heißt sie, die Hopfenschleife. An den sonnigen Hängen entdecke ich zwar keinen

Hopfenanbau, dafür aber jede Menge Apfelbäume. Schloss Bäckaskog mit seinem großen Park lassen wir links liegen und genießen die Aussicht über den See.

Die Landschaft ändert sich, die Felder von Skåne werden abgelöst durch die Wälder des südlichen Småland. Die Straßen werden schmaler und sind gesäumt von bemoosten Mauern aus Feldsteinen. Die Bauern hatten hier über Jahrhunderte Mühe, all die steinigen Hinterlassenschaften der letzten Eiszeit von ihren Feldern zu schaffen. So entstanden die Steinmauern – nicht als Zierde oder zur Abgrenzung der Felder, sondern allein aus der Not heraus. Heute sind sie vielerorts als Kulturgut geschützt.

Hier kann man nicht nur gut cruisen, sondern auch mit sportlichen Motorrädern viel Spaß haben

Bei Ryd bremsen wir an einem von Hand gemalten Schild »Kyrkömosse – Skrotbilar – Schrottautos« steht darauf. Mitten im Wald hat hier ein Sonderling alte Autos, Traktoren und Busse gesammelt. Als er starb, blieben seine Hinterlassenschaften einfach im Wald stehen. Die Natur hat sich das Areal zurückerobert, niemand hat sich darum gekümmert. Und nun entwickelt dieser Ort eine ganz spezielle, leicht morbide Atmosphäre. Volvo, Saab, VW Käfer und amerikanische Importwagen der Fünfziger und Sechziger verrotten langsam im Wald, Rost und Moos erobern die Fahrzeuge. Eine junge Birke wächst durch das Loch, in dem einst die Windschutzscheibe eines Buick saß. Einerseits ist es traurig, diese automobile Schätze langsam vergehen zu sehen, andererseits hat dieser Ort ein Eigenleben entwickelt, zieht Besucher an, ohne ein Museum zu sein.

Unsere erste Nacht verbringen wir in Korrö, einer ehemaligen Gutshofanlage, in der sich heute ein Restaurant, eine Jugendherberge und acht Hotelzimmer befinden. Die Terrasse des Restaurants ragt über das Ufer des Flusses Ronneby Å hinaus – wir genießen ein Bier im Schatten großer Bäume, während unten das Wasser plätschert. Solche Gutshöfe entstanden in Schweden meist an Flussläufen: Mit der Wasserkraft wurden Sä-

Die Panoramastraße Humleslingan führt nördlich von Kristianstad um den See Ivosjön.

gewerke und Schmiedehämmer betrieben, um Holz zu sägen und Flusserz zu verarbeiten. Auch in Korrö ist ein Wasserrad erhalten, und das historische Sägewerk ist öffentlich zugänglich.

Bei Växjö fängt das sogenannte Glasreich an. In diesem Teil von Småland gibt es besonders viele Glashütten. Im 18. und 19. Jahrhundert war billiges Holz zum Heizen der Öfen im Überfluss vorhanden, so entstand hier ein Industriezweig, der bis heute seine Spuren hinterlässt. Viele der Glashütten haben eine Ausstellung mit historischen Exponaten. In Pukeberg kann man die gläsernen Werbeköpfe von Zapfsäulen aus den 1930ern sehen, in Orrefors schwere Bleikristallschalen aus der Zeit um 1900. Jede Glashütte hatte und hat ihren eigenen Schwerpunkt, sei es Industrieglas, Flaschenglas, Lampenglas oder Dekoratives für den schön gedeckten Tisch. Besonders sehenswert ist der gläserne Altar, den Bertil Vallien von 1999 bis 2002 für den Dom von Växjö schuf.

Das riesige Outlet-Center der Glashütte Kosta verlassen wir fluchtartig – zu viele Touristenbusse und Wohnmobile. Im Nu sind wir wieder auf kleinen Straßen, trinken Kaffee in Ramkvilla an einem See und besuchen Eva Valente. Die Dänin hat es sich zur Aufgabe gemacht, alte schwedische Teppiche zu »retten«. Fast auf jedem Bauernhof gab es einen Webstuhl, alle Stoffreste wurden weiterverarbeitet, eben zu Teppichen. So verdienten sich alte Bäuerinnen ein Zubrot für den Lebensabend. Schweden-Fans kennen diese Art Teppiche vielleicht von IKEA, aber die sind industriell produziert, meist in Fernost. Eva Valente sammelt auf ihrem abgelegenen Gehöft von regionalen Bäuerinnen gewebte Teppiche, sie kauft sie auf, reinigt sie und verkauft sie weiter. Die ältesten Schätzchen in ihrer ausgebauten Scheune haben rund hundert Jahre auf dem Buckel, wurden aber nie genutzt, sondern lagen sorg-

Sieht aus wie Bullerbü: Eines der kleinen Dörfer im småländischen Hochland zwischen Vetlanda und Eksjö

fältig eingeschlagen auf dem Dachboden. Im modernen Schweden hatten diese Arme-Leute-Teppiche lange Zeit keinen Platz, heute sind sie als Teil einer Rückbesinnung auf die eigene Kultur wieder enorm populär. Birgit kann sich von den Teppichen kaum losreißen, ich dagegen möchte jetzt gern weiter Motorrad fahren.

Endlich angekommen im småländischen Hochland, haben wir unser Revier gefunden. Unser Quartier haben wir in einem ländlichen Hotel bei Vetlanda aufgeschlagen, von dem aus wir Tagestouren unternehmen. Eigentlich ist hier jede Straße abseits der großen Reichsstraßen eine Motorradstrecke. Kuppig, kurvig und einsam. Der Asphalt ist nicht immer der Beste, Frostschäden verhageln uns gelegentlich die Linie. Aber es macht enorm Spaß, zumal hier die Geschwindigkeit von der Vernunft und nicht von Schildern begrenzt wird. Nicht einsehbare Kurven und Kuppen, bei denen man nicht weiß, was dahinter kommt, sorgen für einen gemäßigt sportlichen Fahrstil.

In Huskvarna besuchen wir das Fabrikmuseum von Husqvarna. Von 1903 bis 1986 wurden hier Motorräder gebaut, aber das Unternehmen ist viel älter. 1689 als königliche Waffenfabrik gegründet, stellte Husqvarna später auch gusseiserne Öfen und Elektroherde her, Waffeleisen und Nähmaschinen,

Kaffeepause am See bei Ramkvilla: Wenn die schwedische Fahne weht, haben die kleinen Sommercafés geöffnet.

Solche Flickenteppiche entstanden früher in Heimarbeit aus Stoffresten.

Steinreich: Die Steine der Feldmauern wurden von den småländischen Bauern in mühsamer Arbeit von den Feldern geräumt.

Das Husqvarna Fabriksmuseum zeigt Motorräder aus der großen Zeit der ursprünglich schwedischen Marke.

Motorsägen und Rasenmäher sowie Fahrräder und ab 1903 Motorräder.

Das Fabrikmuseum zeigt die ganze Geschichte, aber mich interessieren die Waffeleisen weniger als die große Sammlung historischer Motorräder. Großvolumige Zweizylinder aus den 1930er-Jahren, Rennmaschinen aus den frühen Siebzigern und natürlich die großen Erfolge, die mit Enduros gefeiert wurden. Mit dem Verkauf der Marke nach Italien an Cagiva im Jahre 1986 begann eine unstete Zeit für Husqvarna. Ein paar Jahre versuchte BMW halbherzig, der Marke neues Leben einzuhauen, seit 2013 gehört Husqvarna den österreichischen Eignern von KTM. Im Fabrikmuseum kann man sehen, welch großartiges Potenzial die Marke hätte, die nur wenige Monate nach Harley Davidson gegründet wurde. Jedes Jahr an Pfingsten versammeln sich in der Kleinstadt ehemalige Rennfahrer und Besitzer historischer Husqvarna-Bikes zu einer Ausfahrt.

Zurück zu unserem Quartier fahren wir natürlich wieder auf Nebenstraßen. Über Lekeryd und Solberga geht es nach Eksjö mit seinen schönen Holzhäusern. Ein letzter Kaffeestopp am Marktplatz, dann lassen wir es über Hult und Bellö fliegen. Die roten Holzhäuser und Seen huschen vorbei. Und wenn Michel, Bosse und Ida winken, bremsen wir ab und grüßen zurück.

INFORMATION

Allgemeines: Schweden ist Teil der EU, es gibt keine Grenzkontrollen, ein gültiger Personalausweis reicht für die Einreise. Währung ist die Schwedische Krone, abgekürzt offiziell SEK, im Land aber entweder skr oder nur kr für Krone. Eine Krone entspricht ca 11,5 Cent, für einen Euro bekommt man ungefähr 8,5 Kronen. Skåne und Småland bilden zusammen mit dem kleinen Blekinge den südlichsten Teil Schwedens und sind von Norddeutschland aus per Fähre schnell zu erreichen. Die »Berge« des småländischen Hochlands sind um die 250 bis 350 Meter hoch, es handelt sich um eine hügelige, waldreiche Landschaft.

Anreise: Tagesüberfahrten bieten sich an auf der Fährstrecke Sassnitz–Trelleborg (Stena Line) oder über Dänemark (Puttgarden–Rødby plus Öresundbrücke). Diese Variante in Dänemark ist allerdings fahrerisch eher langweilig. Eine gute Alternative sind Nachtfähren, vor allem, wenn die Anreise in Deutschland zum Fährhafen etwas länger ist. In Frage kommen folgende Routen: Travemünde–Trelleborg (TT-Line), Rostock–Trelleborg (TT Line und Stena Line) sowie Kiel–Göteborg (Stena Line). Trelleborg empfiehlt sich als Ankunftshafen, wenn man auch den südlichsten Landesteil Skåne besuchen möchte, von Göteborg hat man den kürzesten Weg ins småländische Hochland östlich von Jönköping.

Reisezeit: Fahren kann man in Südschweden ab etwa Mitte Mai bis Anfang Oktober. Das Wetter ist ähnlich wie in Norddeutschland. Die Vegetation ist etwa zwei Wochen hinter Norddeutschland zurück, es wird also erst Ende Mai richtig grün. Das Wetter ist besser als sein Ruf. Natürlich kann Südschweden auch verregnete Sommer haben, aber oft herrscht ein trockenes Inlandsklima mit Temperaturen bis 25 Grad, also idealen Bedingungen zum Motorradfahren.

Reisedauer und Wegstrecke: Vier Tage im Land sollte man mindestens einplanen, und wenn man Wert auf Besichtigungen legt, dürfen es auch gern bis zu sechs Tage werden. Ab dem Fährhafen Trelleborg sind es rund 300 km bis ins småländische Hochland, über die Küstenroute kommt man auf etwa 400 km. Wenn man Tagestouren um die 150–200 km Länge fährt, wird die gesamte Tour ab und bis Trelleborg zwischen 1000 und 1200 km Länge liegen.

Die Route im Detail: Fahrt von Trelleborg nach Vetlanda: Trelleborg – Ystad – Kåseberga – Simrishamn – Kivik – Kristianstad – Olofström – Ryd – Tingsryd – Linneryd – Växjö – Ramkvilla – Vetlanda
Tagestour ab / bis Vetlanda: Sävsjö – Vrigstad – Hok – Tenhult – Huskvarna – Lekeryd – Solberga – Eksjö – Hult – Bellö – Kråkshult – Paulistöm – Vetlanda
Rückreise ab Vetlanda: Sävsjö – Stockaryd – Lammhult – Alvesta – Älmhult – Lönsboda – Broby – Hässleholm – Höör – Malmö – Trelleborg

Übernachten: Es gibt in Schweden so gut wie keine Motorradhotels. Pensionen oder Bed and Breakfast sind selten. Zur Wahl stehen zahlreiche gute Campingplätze, die auch Hütten (Stugor) anbieten. Die meisten Jugendherbergen des STF (Svenska Turistföreningen) verfügen über Zweibettzimmer. Die Hotelpreise bewegen sich im Sommer in den Städten mit rund 70 bis 120 Euro pro Nacht für ein Doppelzimmer inklusive Frühstück auf ähnlichem Niveau wie in Deutschland.

Maut: Nur die Öresundbrücke zwischen Kopenhagen und Malmö ist mautpflichtig.

Karten: Kümmerly+Frey, Schweden 1 (Skåne) für die Anreise ab Trelleborg, Schweden 3 (Südschweden Ost) für den nördlichen Teil des småländischen Hochlands. Schweden 2 (Südschweden West) braucht man nur für Jönköping und die Anreise über Göteborg.

Es geht viel geradeaus im Baltikum.
Da bleibt Zeit zum Schauen, wie hier
nahe der estnisch-lettischen Grenze.

Eine Reise
durch Litauen, Lettland und Estland

Lebhafte Städte und einsame Straßen kennzeichnen die drei baltischen Staaten. Wer Lust auf eine Kulturreise mit dem Motorrad hat, wird im äußersten Nordosten der EU fündig.

Es ist Ostern – ziemlich früh für eine Motorradtour durch die baltischen Länder. Durch Polen hindurch war es sonnig und kalt, in Masuren kamen abends erste feine Schneeflöckchen vom Himmel. Alles kein Problem, wenn man die richtige Motorradkleidung hat. Über leere Straßen in Masuren sind wir nach Litauen gefahren. Und nun Vilnius mit seinen barocken Kirchen. Zwiebeltürme, als sei man in Bayern gelandet. Litauen ist noch katholischer als Polen, falls man den Begriff steigern darf. Dazwischen gibt es aber auch orthodoxe Kirchen, und das macht den österlichen Besuch so spannend. Die Gottesdienste werden bei offenen Türen abgehalten, es ist ein ständiges Kommen und Gehen, als würden die Gläubigen von Kirche zu Kirche ziehen.

Die goldenen Türme von Vilnius ragen in den stahlblauen Morgenhimmel, der Atem ist zu sehen. Keine idealen Voraussetzungen zum Motorradfahren. Schloss Trakai, eine Wasserburg in der Nähe von Vilnius, schauen wir uns rotnasig an, dann geht es über Kaunas an die Küste nach Klaipeda. Wir nehmen den Weg entlang der Nemunas, der Memel. Sie trennt den russischen Oblast Kaliningrad – ein Teil des einstigen Ostpreußens – von Litauen. Die Straße führt am breiten Fluss entlang, und so ruhig wie er fließt, so gemächlich ist auch der Straßenverlauf. Kein Verkehr, Kurven sind eher selten. Zwischendrin überrascht uns ein Schneeschauer und verpasst den Motorrädern und uns kurzfristig eine weiße Mütze. Aber das war nur eine Wolke, dann ist der Himmel wieder blau.

Klaipeda, die Hafenstadt am Kurischen Haff, begrüßt uns mit unzähligen Kränen an der Uferlinie. Der historische Teil des Örtchens Memel, wie Klaipeda einst hieß, lässt sich in einer Stunde erschöpfend besichtigen. Ein paar possierliche Altstadthäuser, ein paar nette Kneipen und das Denkmal des Ännchen von Tharau – ein bisschen Ostpreußenromantik muss sein.

Der nächste Tag bringt eine satte Überraschung: Draußen ist es grau und es schneit! Vor der Tür des Hotels liegen gute fünf Zentimeter Schnee, an Motorradfahren ist nicht

Tallinn erinnert mit seiner von dicken Stadtmauern bewehrten Altstadt ein wenig an Rothenburg ob der Tauber.

Estlands Hauptsatdt entwickelt ihren Charme oft erst abends, wenn die Kreuzfahrtgäste wieder auf See sind. Die Prison Bar befindet sich am Hafen von Liepaja.

zu denken. Wir prüfen verschiedene Wetterberichte, aber es sieht nicht gut aus für die nächsten Tage. Ein später Wintereinbruch im April. Wir beschließen schweren Herzens abzubrechen und buchen die Fähre von Klaipeda nach Kiel.

Sechs Wochen später, wir haben Mai und – was wichtiger ist – Zeit. Einmal retour bitte! Von Kiel nach Klaipeda wieder mit der Fähre, und nun sieht alles anders aus: Der Frühling hat Einzug gehalten, alles ist grün und blüht. Mein erster Weg führt mich auf die Kurische Nehrung. Hundert Kilometer lang ist die schmale Landzunge, die das Haff von der Ostsee trennt. Die eine Hälfte gehört zu Litauen, die andere Hälfte zur russischen Enklave, dem Oblast Kaliningrad. Eine riesige Sandkiste ist das hier mit hohen Dünen. Mal schaut man von der Straße auf die Ostsee, mal auf das Haff, aber Wasser ist fast immer zu sehen. In Nida, wo einst der Schriftsteller Thomas Mann ein Sommerhaus besaß, ist ein Ostseebad mit kleinen Hotels und zahlreichen Restaurants entstanden. Sommerfrische hieß so etwas früher, und auf Nida trifft diese schöne Bezeichnung auch heute noch zu.

Riga hat eine ausgesprochen lebhafte Kneipenszene, da steppt jeden Abend der Bär

Die nächste Station ist die lettische Hauptstadt Riga. Auf dem Lande ist wieder nichts los. Es fährt sich hier völlig entspannt, fahrerische Herausforderungen bilden allenfalls die anderen Verkehrsteilnehmer. Motorräder sind hier noch selten, entsprechend merkwürdig sind manche Situationen: Offenbar halten manche Autofahrer eine ausgewachsene BMW R 1150 GS für einen Roller, der bitteschön ganz rechts zu fahren hat, damit sie trotz Gegenverkehr überholen können. Aber es ist so wenig los auf den Straßen, dass es kein ernsthaftes Problem wird.

Da sieht das Fahren in Riga schon anders aus. Eine fremde Großstadt zum Feierabendverkehr, und das Navi hat schon aufgegeben. Vielen Dank, nächstes Mal bleibt das Navi zuhause, wenn ich sowieso mit einem Stadtplan den Weg finden muss. Die Entschädigung folgt am Abend: Riga hat eine ausgesprochen lebhafte Kneipenszene, da steppt jeden Abend der Bär – und nicht nur der russische oder lettische. Schweden und Briten haben Riga als Kurzreiseziel entdeckt, die Stadt hat viel internationales Flair.

Kurven! Es gibt sie doch! Im Gauja Nationalpark führt die Straße bei Sigulda durch ein Tal den Berg hinauf. Das fühlt

Links: Das Schwarzhäupterhaus ist eine der Attraktionen von Riga.

Rechts: Die Hafenpromenade in Klaipeda wurde neu gemacht.

sich kurz an wie eine Mischung aus Harz und Schwarzwald. »Oben« angekommen ist Burg Turaida einen Stopp wert. 1214 wurde sie auf den Resten einer hölzernen Burg erbaut, seit 1953 werden die Ruinen rekonstruiert. So entsteht die historische Burganlage Stück für Stück neu.

Bei Valmiera geht es wieder oft geradeaus, bis die Grenze zwischen Lettland und Estland erreicht wird. Die Namen klingen jetzt Finnisch, Estnisch und Finnisch sind eng verwandt. Das heißt, man kann sie sich noch schlechter merken als zuvor die litauischen und lettischen Ortsnamen. Die Landschaft wird etwas hügeliger und bietet dem Auge mehr Abwechslung. Erst vor Tallinn wird das platte Land wieder erreicht.

Tallinn, die frühere Hansestadt Reval, ist eine Reise wert, aber erst nach 18 Uhr, wenn die Kreuzfahrtschiffe wieder abgelegt haben. Vorher werden die Kreuzfahrtgäste in Gruppen durch die Altstadt getrieben. Man mag es ihnen nicht verdenken angesichts der gut erhaltenen Stadtmauern, die die Altstadt auf dem Domberg schützen sollten. Gassen mit Kopfsteinpflaster, das Rathaus aus der Hansezeit, die Aussichtspunkte an der Stadtmauer mit Blick bis auf die Ostsee – Tallinn ist eine Perle und zählt zu den schönsten Städten des Ostseeraumes.

Nein, die drei baltischen Länder bieten wenig kurvenreiche Motorradstrecken. Aber sie bieten sehr viel Kultur, eine interessante Geschichte und eine Landschaft, die andere Reize hat als Berge und Hügel, die umkurvt werden wollen. Die Mischung aus einsamen Landstrichen mit Landwirtschaft, weiten Ostseestränden und interessanten Kulturmetropolen wie Vilnius, Riga und Tallinn macht die baltischen Länder, zu einem spannenden Reiseziel, auch für Motorradfahrer.

Die Kurische Nehrung mit ihren hohen Sanddünen ist fast hundert Kilometer lang. Die Hälfte davon gehört zu Litauen.

INFORMATION

Allgemeines: Litauen, Lettland und Estland sind seit 2004 Mitglied der EU. Estland ist mit 1,3 Millionen Einwohnern das kleinste, Litauen mit 2,9 Millionen Einwohnern das »größte« Land der baltischen Staaten. Von der Fläche her sind Litauen und Lettland jeweils etwas kleiner als Bayern, Estland hat etwa die Größe von Niedersachsen. Das heißt, die Länder sind sehr dünn besiedelt.

Anreise: Es gibt mehrere Wege: Entweder fährt man über Land quer durch Polen und verbindet den Besuch der baltischen Staaten mit einer Fahrt durch Masuren in Polens Nordosten. Eine Alternative sind die Fähren von Kiel nach Klaipeda (DFDS Seaways Baltic) oder von Travemünde nach Ventspils (Stena Line). Außerdem gibt es die Möglichkeit, über Schweden oder Finnland anzureisen. Helsinki ist nur zwei Stunden mit der Fähre von Tallinn entfernt (Tallink, Viking Line). Von Helsinki besteht Anschluss nach Travemünde (Finnlines) oder Stockholm (Tallink Silja, Viking Line). Sehr gute Fährschiffe verkehren auf den Routen zwischen Stockholm und Riga sowie zwischen Stockholm und Tallinn (Tallink). Man kann also einen Besuch der baltischen Länder gut mit einer kleinen Ostseeumrundung verbinden.

Reisezeit: Ideal sind die Monate Mai bis September, auch die erste Oktoberhälfte kann noch schön sein.

Reisedauer und Wegstrecke: Die kürzeste Tour ist in drei Fahrtagen von Klaipeda nach Tallinn machbar (zuzüglich Fähranreise). Länge ca. 750 km. Wer einen Weg durch Polen bis Vilnius in Litauen fährt und zurück die Fähre benutzt, sollte mindestens zehn Tage einplanen, inklusive der Tage in Polen. Länge ca. 2500 km. Achtung: Vor allem in Lettland sind sogar Hauptverkehrsstraßen mit niedriger Straßennummer nicht immer asphaltiert. Wer als Endurist Schotterpisten sucht, wird hier fündig. Mit großen Tourenmaschinen sind diese Pisten nicht zu empfehlen, zumal Lastwagen wenig Rücksicht auf Motorradfahrer nehmen.

In Estland ist der Straßenzustand insgesamt am besten.

Die Route im Detail: Vilnius – Trakai – Kaunas – Jurbarkas – Silute – Klaipeda – Abstecher Nida – Klaipeda – Liepaja – Kuldiga – Riga – Sigulda – Valmiera – Valga – Viljandi – Rapla – Tallinn

Übernachten: Zeltplätze sind in den baltischen Ländern oftmals sehr naturbelassen und einfach. Wer auf Komfort verzichten kann, freut sich über niedrige Preise. Aber auch gute Hotels sind deutlich preiswerter als bei uns. Oft bekommt man für weniger als 100 Euro ein gutes Doppelzimmer inklusive Frühstück. In den Städten bieten viele Hotels bewachtes Parken.

Geld: In Litauen heißt die Währung Litas. In Lettland wird noch mit Lats bezahlt, ab Januar 2014 wird hier auch der Euro eingeführt, wie es bereits in Estland der Fall ist. In den Städten und in Hotels kann man meistens mit Kreditkarte bezahlen, auch beim Tanken funktionieren Kreditkarten fast überall. Aber in kleineren Geschäften und auf dem Lande ist Bargeld weiterhin wichtig. Das Preisniveau ist insgesamt als eher günstig zu bezeichnen.

Karten: Michelin Blatt 783, Lettland, Michelin Blatt 78, 4 Litauen, Michelin Blatt 782, Estland, alle drei im Maßstab 1:350 000. Die drei Länderkarten von Kümmerly & Frey sind im Maßstab etwas besser (1:325 000), sind aber teurer als die Michelin-Karten. Auch wer mit Navi fährt, sollte zusätzlich gute Karten mitnehmen.

Auf kleinen Straßen unterwegs
in Masuren und der Kaschubei

Masuren –
Land der Seen-Sucht

Kaum eine Landschaft in Europa weckt so viele Sehnsüchte, Erinnerungen und Emotionen: Begegnungen und Erfahrungen auf einer Motorradtour in den Nordosten Polens.

Wohl kaum eine Landschaft in Europa weckt so viele Sehnsüchte, Erinnerungen und Emotionen. Lange nur Ziel von Heimatvertriebenen, locken seine Wälder, Flüsse und Seen heute die, die Natur suchen und Geschichte pur erleben wollen.

»Du fährst du schon wieder in die Masuren?«, fragte mein Freund Hannes. »Nein«, antwortete ich etwas spitzfindig, »nach Masuren, denn wenn ich in die Masuren fahren würde, würde ich einen Unfall verursachen. Ich fahre ja schließlich auch nicht in die Bayern.«

Die Straße ist zu Ende, wieder einmal. Aber dieses Mal ist der Ausblick grandios. Wir stehen auf einem kleinen Hügel, und schauen aufs Wasser. Fast könnte man meinen, wir wären am Meer. Dabei ist es nur ein See, jedoch der größte in Masuren. Über 110 Quadratkilometer hat der Spierdingsee. Nach der Müritz war er einst Deutschlands zweitgrößtes Binnengewässer. Wasser, soweit das Auge reicht. Und Segelboote. Es heißt, es sei das »Land der tausend Seen«. Aber das ist eher untertrieben, denn es sind wohl über 3300 Seen, bis eben hin zu dem Spierdingsee, an dem wir nun stehen.

Als wir uns im Gewirr der Feldwege zu orientieren versuchen, fährt ein Auto an uns vorbei. Kurz danach stoppt es, der Fahrer steigt aus und kommt zurück. Lech, so heiß er, lädt uns spontan zu sich ein. Klar folgen wir ihm. Während wir auf den See hinaussehen, holt Magda, seine Frau, Kuchen aus dem Haus, deckt den Tisch und kocht Kaffee. Typischen polnischen Kaffee. In der Tasse aufgebrühten, der zwischen den Zähnen

Die Anreise ist am schönsten über kleinere Straßen abseits vom großen Verkehr, die oft durch große Wälder führen.

knirscht, wenn man ihn sich nicht setzen lässt. Das angebotene Bier lehnen wir dankend ab, erst recht den Wodka, den Lech zur Begrüßung aus dem Schrank holt.

Die Gastfreundschaft ist groß. Keine Scheu haben wir wegen mangelnder Polnischkenntnisse. Viele Menschen, helfen uns auf Deutsch weiter. So ist die Suche nach einer Übernachtungsmöglichkeit kein Problem. Das Land bietet Unterkunft für jeden Geschmack und Geldbeutel: von einfachen Campingplätzen über private Angebote mit Frühstück bis hin zu riesigen Hotels mit bewachtem Parkplatz, so dass diejenigen, die um ihr Fahrzeug fürchten, besser schlafen.

Unsere Erfahrungen sind da eindeutig besser. Heute ist es kein Problem mehr nach Masuren zu reisen. Nur die gut 550 Kilometer ab Berlin bis Allenstein, dem »Einfallstor« nach Masuren sind schon ein Ritt. Die am Stück zu fahren, überwiegend auf Landstraßen, ist nicht auf jedem Motorrad ein Vergnügen, zumal die Polizei gerne Radarkontrollen durchführt. Auch das Anhalten an Stoppschildern wird mit Vorliebe überwacht. Unabhängig davon gibt es aber auch während der Anreise so viel zu sehen, dass sich mindestens eine Übernachtung empfiehlt.

Pferdewagen, auch auf Überlandstraßen, zwingen zu vorausschauender Fahrweise

Pferdewagen, auch auf Überlandstraßen, zwingen zu vorausschauender Fahrweise. Dazu fahren einige Autofahrer in Polen ausgesprochen risikoreich und legen Verkehrsregeln oft sehr individuell aus. Der regelmäßige Blick in den Rückspiegel ist hilfreich. Je weiter wir uns Masuren nähern, desto hügeliger wird die Landschaft, desto mehr sind wir von Wald umgeben. Die heutigen Wälder Masurens sind ein Resultat menschlicher Arbeit. Von den ehemals undurchdringlichen Urwäldern sind nur wenige Reste übriggeblieben, im Borkener Forst und in der Rominter und der Johannisburger Heide.

Eine Vielfalt von Kulturen und Völkern hat es in Masuren immer schon gegeben. Ursprünglich waren hier die Pruzzen ansässig, ein baltischer Volksstamm, tapfere Krieger, die in ihren Göttern die großen Naturgewalten verehrten. Gegen sie rief 1226 der Herzog von Masowien den Deutschen Orden zu Hilfe, der mit Kreuz, Feuer und Schwert das Gebiet befriedete und die Wildnis zu kultivieren begann. Für die katholische Kirche etablierten die Ritter den deutschen Ordensstaat, und es entstanden gewaltige Burganlagen, zunehmend in Richtung Osten mit ihrem Hauptsitz, der Marienburg. Über Danzig und Elbing war der Ordensstaat mit dem Meer und mit den Hansestädten verbunden.

Streitereien mit Polen führten 1410 zur verheerenden Niederlage der Ritter bei Tannenberg. Während wir im Schatten der Sonnenschirme beim Denkmal sitzen und ich zum Entsetzen meiner Begleiter eine Flaki löffele, eine der polnischen Nationalspeisen,

Es gibt weit mehr als 3300 kleine und große Seen in Masuren (links). Das Wahrzeichen von Danzig ist das Krantor an der Modlau (rechts).

Am Ort der großen Schlacht: Grunwald/ Tannenberg war der Ort der Niederlage des Deutschen Ordens (links). Bernstein, das Gold des Meeres, zählt zu den ältesten Schmuck- und Heilsteinen der Welt.

bei uns als Kuttelsuppe bekannt, zieht ein Fähnlein Christlicher Pfadfinder an uns vorbei, begleitet von einem Priester. Geschichtsunterricht live.

Mehrfach wurde das Land seit dem Mittelalter verwüstet. Pest, Not, tatarische und schwedische Überfälle, der Durchzug französischer Truppen auf dem Weg nach Russland und geschlagen zurück hinterließen ihre Spuren. Vor Beginn des 19. Jahrhunderts verließen viele Masuren ihre Heimat und versuchten ihr Glück in den Kohlebergwerken des Ruhrgebietes. Nicht von ungefähr tragen dort viele ostpreußische Namen. Der Beginn des Ersten Weltkrieges überzog dann das Land mit gewaltigen Schlachten gegen russische Truppen, viele Tote blieben zurück.

Ab Anfang des Zweiten Weltkrieges entstand in den Wäldern im Norden, unweit von Rastenburg, die Wolfsschanze. Hitlers Hauptquartier diente der Leitung des Unternehmens Barbarossa, dem Überfall auf Russland. Dort fand auch am 20. Juli 1944 das missglückte Attentat von Stauffenberg statt. Ein gutes halbes Jahr später wurde die Anlage von deutschen Pionieren vor der herannahenden Roten Armee gesprengt. Ein gigantomanischer, gespenstischer Ort. Hier treffen wir meinen Freund Jerzy, der sich als Autor und Kenner der Anlage einen Namen gemacht hat. Er lässt es sich nicht nehmen und führt uns durch dieses Bunkerareal.

Wieder einmal zog Not und Verzweiflung durch Masuren – so brutal wie nie zuvor. Das Potsdamer Abkommen beendete 1945 ein Kapitel langer deutscher Geschichte. In Masuren wurden die von den Russen aus den polnischen Ostgebieten vertriebenen Menschen angesiedelt, die sich mit ihrer neuen Heimat erst nur schwer anfreundeten. Inzwischen lebt die dritte polnische Generation in Masuren. Dadurch hat sich ein Wandel vollzogen. Masuren wurde also nicht nur polnisch, es wurde auch katholisch.

Inmitten von Buchweizenfeldern und Kiefernwäldern befindet sich die größte Wallfahrtskirche Ostpreußens, die Kirche von Święta Lipka/Heiligenlinde, ein barockes Juwel. Das Orgelspiel dort nicht nur zu hören sondern auch zu sehen ist ein besonderes Erlebnis. Nachdem ein Pole Papst wurde, boomte im Lande die Kirche und besonders das Kirchenbauen gewaltig. Die Frömmigkeit ist offensichtlich. Der Rummel an dieser Wallfahrtskirche ist gewaltig. Wir sind froh, als wir uns wieder auf unsere Motorräder setzen und weiter durch die hügelige Landschaft cruisen.

Der Abstand der Chausseebäume gibt den Rhythmus vor, mit dem die Sonnenstrahlen auf die Straße treffen. Dahinter geht der Blick auf die Äcker und Wiesen, einige gut gepflegt, viele brach, sich selbst überlassen. Vielfach existieren noch kleine Landwirtschaften, in denen noch das Pferd anstelle eines Treckers im Einsatz ist. Nicht für alle ist es nach dem polnischen EU-Beitritt einfacher und besser geworden.

Wer zum ersten Mal nach Masuren reist, schaut jedem Storch hinterher, aber sie sind dort fast so zahlreich wie anderswo die Spatzen. Dennoch ist es immer wieder ein erhebender Anblick. Wiesen, Seen, Tümpel und Teiche bieten ihnen ein ideales Revier. Eine exakte geografische Eingrenzung findet sich in keinem deutschen und keinem polnischen Atlas, eine historische Region Masuren hat es nie gegeben. Heute versteht man in Polen unter »Masury« den gesamten südlichen Teil des ehemaligen Ostpreußens.

Auf Spuren deutscher Vergangenheit trifft man hier auf Schritt und Tritt, der Umgang damit ist in Polen in den letzten Jahrzehnten deutlich entspannter geworden. Mehr und mehr verschiebt sich auch das Motiv derer, die nach Masuren reisen. Waren es früher überwiegend »Heimwehtouristen«, sind es heute zunehmend Menschen, die Natur suchen – in einer Landschaft, die der skandinavischen in nichts nachsteht, ohne das Preisgefüge der nordischen Länder zu erreichen.

Wir stoppen zum Tanken und bleiben auf eine kurze Kaffeepause. Die Benzinversorgung ist in Polen kein Problem, das Tankstellennetz ist deutlich dichter als bei uns. An den Durchgangsstrecken sind die Tankstellen gut sortiert, Zubehörteile und Landkarten sind günstig. Die Tankstellen neueren Typs sind inzwischen eher Supermärkte, die nebenbei auch Benzin verkaufen.

Masuren ist ein stilles Land. Immer wieder treffen wir an einem der Seen, an einem der Kanäle auf Angler, die dort geduldig warten. Frisch gefangen und vor allem frisch geräuchert sind ihre Fänge eine Delikatesse. Die masurischen Seen sind über das sandige und steinige Land verstreut, offen zwischen den Hügeln und versteckt in den Wäldern, zum Teil klar bis auf den Grund, zum Teil trübe, fast zugewachsen. In vielen Orten entlang der Gewässer kann man mal das Motorrad stehen lassen und sich ein »Kajaki« leihen. Hierher kommen viele Bustouristen, um sich ein Stück auf dem Fluss staken zu lassen. Krutyn gehört zu den touristisch bekann-

Gerade über kleine Straßen und Wege erschließt sich Masuren: Mischwälder, hüglige Wiesen, Alleen, Seen und Flüsse.

Die Klosterkirche der Alt-Gläubigen in Woinowo (links). Masuren war immer ein Ziel von Glaubensflüchtlingen und durch die vielen Seen ein absolutes Paradies für Störche (rechts).

Die Marienburg an der Nogat gilt als größte Ziegelstein-Burganlage Europas. Sie war der Hauptsitz des Deutschen Ordens.

testen Attraktionen Masurens und ist entsprechend gut besucht. Das gilt auch für Nikolaiken, am Übergang vom Talter Gewässer zum Nikolaiker See, wo der Stinthengst zu Hause ist. Ein masurisches Märchen erzählt von diesem Fischkönig, der den Fischern von Nikolaiken den Wohlstand gebracht hat, vor allem, seit hier heute nach Touristen gefischt wird. Es wirkt wie ein masurisches Saint Tropez.

Masuren war schon immer ein Land, in dem Verfolgte eine neue Heimat fanden, unter anderen Salzburger, Hugenotten und auch Philipponen, Altgläubige russisch-orthodoxer Prägung, die in der Gegend von Eckertsdorf und Ukta siedelten. Abseits der Hauptstraße liegt ihre Klosterkirche, auf jeden Fall ein lohnenswertes Ausflugsziel, selbst, wenn man mit Kirche nicht viel am Hut hat.

Es lohnt sich zu jeder Jahreszeit, Masuren zu bereisen, bietet es doch Trubel für den, der ihn haben muss, aber noch mehr Ruhe und vor allem eine beeindruckende Natur. Ein bisschen Zeit sollte man aber schon mitbringen, denn je gemächlicher man unterwegs ist, desto mehr entdeckt man. In Masuren warten auf den Reisenden keine großen Sensationen, es sind die Kleinigkeiten, die begeistern, die man aber auch leicht übersieht. Die Straßen sind weitestgehend in gutem Zustand, vielfach mit alten Chausseebäumen eingefasst – für uns ein kaum mehr gewohnter Anblick. Nur die Hauptdurchgangsstraßen sind neu angelegt und geteert, viele der Nebenwege haben noch die alte Pflasterung, also noch mit Sommer- und Winterweg und »herrlichen« Kopfsteinstrekken und unbefestigten Wegen. Ein wahres Paradies mit der Enduro, mit einem Supersportler aber schon eine Herausforderung.

INFORMATION

Allgemeines: Es gibt viele Möglichkeiten, mit dem Motorrad nach Polen zu reisen: Autobahnen, Landstraßen, Feldwege, über die »Grüne Grenze« und auf Fähren im Bereich der Oder. Polens Infrastruktur ist gut. Viele Geschäfte haben auch am Sonntag geöffnet. Die meisten Straßen und Wege sind nummeriert. Die Straßenverhältnisse sind meist gut, doch fehlen oft Straßenrandbegrenzungen, was besonders das Fahren bei schlechten Sichtverhältnissen und bei Nacht nicht erleichtert. Fußgänger und die auch heute in Polen noch anzutreffenden Pferdefuhrwerke erfordern erhöhte Aufmerksamkeit.
Für Endurofahrer ist Polen dank vieler unbefestigter Wege ein wahres Paradies.
Die Verkehrsregeln entsprechen den deutschen, werden aber oft sehr individuell ausgelegt. Es besteht Helmpflicht, das Abblendlicht muss beim Fahren auch tagsüber eingeschaltet sein. Wer mit dem eigenen Motorrad Polen bereist, muss Führerschein, Kraftfahrzeugschein und Versicherungspapiere des Fahrzeugs vorweisen.
Ist das Fahrzeug nicht auf den Fahrer zugelassen, muss eine entsprechende Bescheinigung mitgeführt werden: Upoważnienie do używania pojazdu (Ermächtigung zur Nutzung eines Fahrzeuges), siehe Dokument Fahrzeughalter Polen unter www.mottouren.de/infobox/ tipps-fuer-unterwegs.html.Die grüne Versicherungskarte ist nicht mehr Pflicht, ist aber im Falle eines Unfalls hilfreich. Polen sollte dann aber darin eingeschlossen sein. Es ist empfiehlt sich, Fahrzeuge nicht nur nachts auf bewachten Parkplätzen abzustellen.

Reisezeit: Die beste Reisezeit für Masuren ist Anfang Mai bis Ende Oktober.

Reisedauer und Wegstrecke: Da An- und Abreise nach Masuren je nach Startort zwei bis drei Tage dauern, sollte man für die Reise mindestens zehn Tage einplanen.

Die Route im Detail: Fahrt durch das Oderbruch über Gorzów Wlkp/Landsberg auf der 22, der alten Reichsstraße 1, über Piła nach Thorn, durch Zentralpolen über Grunwald/Tannenberg nach Nidzica/Neidenburg zu unserem Quartier in Krutyn/Krutinnen. Rundtour durch Ostmasuren über Mragowo/Sensburg und Mikolajki/Nikolaiken rund um den Spierdingsee. Tour durch das nördliche Masuren mit der Wolfsschanze, der Burg in Rössel und dem Wallfahrtsort Heilige Linde. Fahrt über Olsztyn/Allenstein und Frombork/Frauenburg (Kopernikus und Frisches Haff) nach Elbing, Fahrt auf dem Oberländischen Kanal – mit dem Schiff über Berge, weiter zur Marienburg und nach Danzig. Durch Pommern über Slupsk/Stolp und Koszalin/Köslin nach Szczecin/Stettin und zurück nach Deutschland.

Übernachten: Das Angebot an Unterkünften in Polen ist sehr vielfältig. Es ist ein klassisches Land für eine Zelttour, nahezu überall werden Privatunterkünfte »Pokoje« angeboten, dazu Hotels aller Kategorien, z. B. das Hotel Habenda in Krutinnen. Schwierig kann es vor allem in Masuren, an der Ostsee und in den Bergen ab Ende Juni werden, denn dann sind in ganz Polen bis Ende August Sommerferien. Hilfreich: Polnisches Fremdenverkehrsamt, Berlin, Tel. 030/210 09 20, www.polen.travel
Travel Projekt, Tel. 0048/(0)22-870 76 00, www.travel-projekt.pl

Maut: Bis auf den größten Teil der neu errichteten Autobahnen sind alle Straßen in Polen mautfrei. Für Fähren über Flüsse ist ein geringes Entgelt fällig.

Karten: z. B. Freytag-Berndt, Autokarte Polen 1:500 000 zur Übersicht und Planung. Detailkarten vor Ort in Buchhandlungen und an Tankstellen erheblich günstiger.

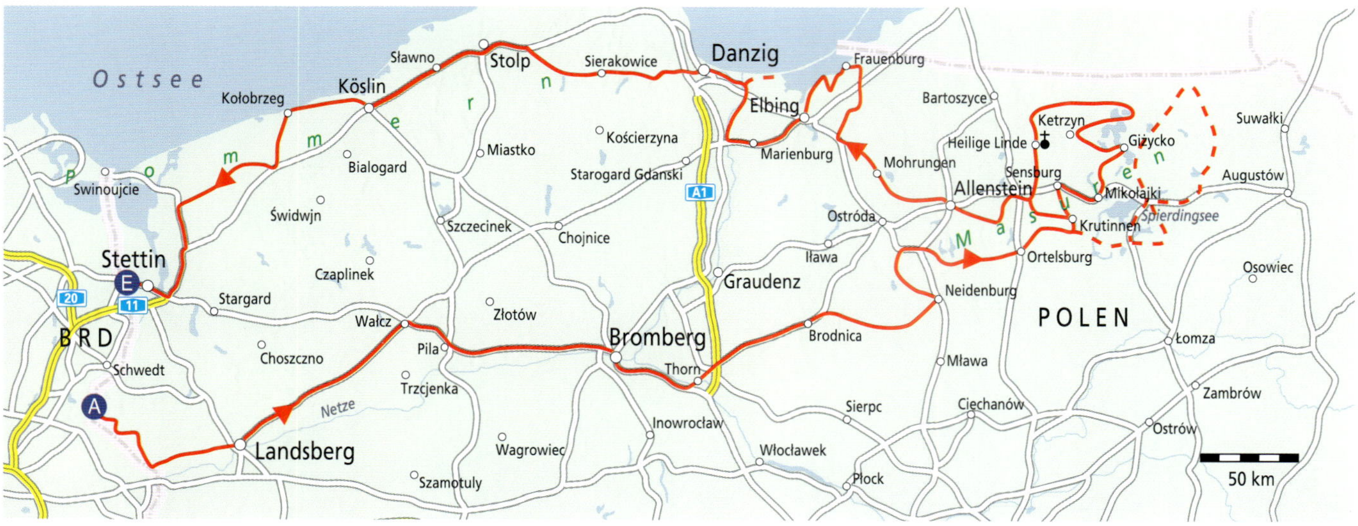

In Tschechien wird traditionell Mohn angebaut. Über 60 Prozent der weltweiten Mohnproduktion kommen von hier.

Tschechien –

Alles böhmische Dörfer?

Das Schönste aus Tschechien, Böhmen und Mähren – auf den Spuren von Nepomuk und dem braven Soldaten Schwejk. Unterwegs von den Bierhochburgen in Böhmen entlang der Moldau durch die Mährischen Weingebiete bis ins Riesengebirge ...

Böhmische Schweiz, Böhmerwald, Sudeten – Tschechien ist überwiegend hügelig (links). Auf den erste Blick merkwürdig, aber nicht schlecht! Grünes Bier gibt es inzwischen hier nicht nur am Gründonnerstag (rechts).

Schon mehrfach hatte mich mein Freund Jan nach Prag eingeladen, immer war etwas dazwischengekommen. »Dann treffen wir uns eben bei Nepomuk, dem Brückenheiligen.« »Bei welchem … jede Brücke in Tschechien hat doch einen?« frage ich. »Na eben dort, wo er geboren wurde. Du wirst es nicht bereuen.« Endlich sitzen Jan, sein Freund Radovan und ich in dem nach Schwejk benannten Restaurant des Hotels U Zeleného stromu in Nepomuk, gut 100 Kilometer südöstlich von Prag. In dieser Stadt wurde der Heilige Johannes von Nepomuk geboren. Im Streit mit König Wenzel IV. wurde er gefoltert und anschließend von der Prager Karlsbrücke ins Wasser gestürzt. Bald schon als Märtyrer verehrt, wurde er später heiliggesprochen.

Von Nepomuk aus weiter nach Süden erreichen wir das barocke Budweis an der Moldau

So plaudern wir bei tschechischem Bier, die beiden sprudeln geradezu über mit Tipps. Von Nepomuk aus wollen wir das westliche Böhmen erkunden. Auf kleinen Straßen erreichen wir Pilsen. Klar, dass wir die Brauerei von Pilsner Urquell besichtigen, Jan hat das schon eingefädelt. Nur probieren dürfen wir nicht, in Tschechien gilt die Null-Promille-Grenze! Wir lassen die Motorräder noch stehen und besichtigen die Stadt mit dem beeindruckenden Hauptmarkt.

Weiter geht's nach Nordwesten, stark bewaldet, kurvenreich und meist gut zu befahren. Hier, nahe der deutschen Grenze, liegt das Westböhmische Bäderdreieck mit den bekannten Orten Karlsbad, Marienbad und Franzensbad, die schon seit Jahrhunderten Kurgäste anziehen. Die Pracht der Jahrhundertwende wurde wieder zum Leben erweckt, auch wenn immer noch der eine oder andere Klotz aus sozialistischen Zeiten steht.

Richtung Karlsbad stoppen wir unterhalb der Burg Loket, einer der gewaltigsten Festungen Mitteleuropas. Im James-Bond-Film »Casino Royale« gelangte die Anlage sogar zu Leinwandehren. Schließlich kommen wir nach Karlsbad, einem der berühmtesten und traditionsreichsten Kurorte weltweit. Schon seit dem 13. Jahrhundert werden die Thermalquellen genutzt. Zwölf Quellen gibt es, als dreizehnte Quelle wird gerne ein anderes »Heilmittel« bezeichnet: Becherovka, ein grünlich-gelber Kräuterbitterschnaps. Der Hersteller, das Unternehmen Jan Becher, lockt auch mit einer Betriebsbesichtigung, eine Verkostung entfällt wieder aus bekannten Gründen.

Zurück bummeln wir auf kurvenreicher Strecke durch das hügelige Tepler Hochland und passieren Stift Tepl. Von Nepomuk aus weiter nach Süden erreichen wir das barocke Budweis an der Moldau, bekannt für seine prachtvolle Altstadt, noch berühmter aber für das Bier Budvar, nicht zu verwechseln mit dem dünnen amerikanischen Budweiser. Die Brauerei Anheuser-Busch hat sich – zum großen Ärger der Tschechen – den Namen Budweis für die USA unter den Nagel gerissen.

Weiter nach Südwesten, erreichen wir bei Český Krumlov erneut die Moldau. Der Fluss mäandert durch eine Schlucht und umschließt die Altstadt fast vollständig. Darüber erhebt sich das Schloss, dessen Ursprünge als Burg auf das 13. Jahrhundert zurückgehen. Jahr für Jahr begeistert die Stadt Millionen Touristen. Wir entfliehen dem Trubel und folgen nordwärts der Straße an der Moldau entlang.

Vorbei an Týn nad Vltavou mit seinem eindrucksvollen Schlossplatz erreichen wir durch das südböhmische Hügelland Tábor, bekannt als Hochburg der Hussiten. Nach dem Tod des Reformators Jan Hus als eine Art Gottesstaat gegründet, wurde es nach dem biblischen Berg Tabor benannt. Durch die Böhmisch-Mährische Höhe Richtung Osten geht es an der uralten Bergwerkssiedlung Havlíčkův Brod vorbei nach Jihlava, einer guten Möglichkeit zum Übernachten. Unter den Arkaden am Markt findet sich so manche Kneipe.

Am nächsten Morgen haben wir es nicht weit ins südmährische Telč – einen der schönsten Marktplätze Tschechiens, gotische Arkaden, farbige Renaissancefassaden und Barockgiebel. Nach Südosten wird die Landschaft flacher, wir fahren durch die Mährischen Weingebiete. Die Bevölkerung Südmährens scheint noch entspannter als in den Gebieten der letzten Tage.

Brünn lassen wir zügig hinter uns – wir haben erst mal genug von Städten. Nahe Slavkov schlugen Napoleons Truppen in der Dreikaiserschlacht das vereinigte Heer Österreichs und Russlands. Etwas weiter nordöstlich übernachten wir in Kroměříž, bekannt für das Barockschloss.

Auf ziemlich gerader Strecke gelangen wir am nächsten Tag nach Zlín. Hier wurde mit der Schuhfabrik Bata Industriegeschichte

Auch wenn die kleinen Nebenstraßen nicht immer gut sind, braucht man keine Enduro, um interessante Orte zu erreichen.

Unweit der Elbe unterwegs, die Böhmisch-Sächsische Schweiz im Blick (links). Der Blick nach oben lohnt sich. Im Westböhmischen Bäderdreieck wurde die Pracht der Jahrhundertwende wiederbelebt (rechts).

geschrieben. Bedeutende Architekten der 1920er-Jahre schufen Werksiedlungen mit firmeneigenen Kindergärten, Schulen, ein Krankenhaus, ein Warenhaus und das damals größte Kino Mitteleuropas.

Die Weiterfahrt nach Nordmähren ist wenig reizvoll, einzig das Tatra-Automuseum in Kopřivnice ist interessant. Also ab nach Westen. In Olmütz reicht es nur zu einem Blick auf den prachtvollen Stadtkern. Auf kleinsten Straßen schlängeln wir uns weiter nach Nordwesten. Bevor wir die Burg Bouzov erreichen, stoppen wir in Javoříčko. Drei Tage vor Ende des Zweiten Weltkrieges wurde der Ort niedergebrannt und alle Männer des Dorfes von der SS erschossen.

Kurz hinter Bouzov stoppen wir am Käsereimuseum in Loštice und kaufen Olmützer Quargel, einen pikanten Sauermilchkäse. Weiter nördlich erreichen wir das Altvatergebirge. Auf fast leeren Straßen fahren wir durch ein Kurvenparadies über Trutnov und treffen bei Vrchlabi auf die Elbe. Ein Abstecher bringt uns nach Špindlerův Mlýn. Wir folgen der Elbe nun abwärts, vorbei am Barockspital in Kuks, der Festungsstadt Josefov bei Jaroměř und schließlich Königgrätz mit seinem historischen Kern, in dem fast alle Baustile vertreten sind. Unweit davon, in Pardubice, findet alljährlich das härteste Galopprennen Europas statt. Die alte Silberstadt Kutná Hora mit der gotischen Barbarakirche und Kolin mit dem jüdischen Friedhof sind weitere Stationen auf unserem Weg nach Prag. Jan hat für den Abend auf ein Bier eingeladen. Hier gäbe es noch so viel zu sehen, aber wir fahren schon am nächsten Tag weiter.

Wir folgen der Moldau nach Mělník, wo sie in die Elbe mündet. Flach geht's weiter, fahrerisch wenig interessant, eher historisch. Wichtige Orte tschechischer Geschichte folgen rasch aufeinander: der sagenumwobene Berg Rip – früher ein Wallfahrtsort, heute eine nationale Gedenkstätte, Kloster Doksany und das ehemalige KZ Theresienstadt. Bei Litoměřice queren wir die Elbe und sehen Lovosice mit den zahlreichen Chemiewerken – nur aus der Ferne ... riechen können wir sie aber dennoch.

Auf der wenig befahrenen rechten Elbseite kommen wir zum Böhmischen Mittelgebirge und erreichen – jetzt deutlich kurviger – den Elbdurchbruch Porta Bohemica. Wir passieren Ústí nad Labem und Děčín, bis wir zum bemerkenswerten Elbsandsteingebirge der Böhmisch-Sächsischen Schweiz gelangen. Kleine Straßen schlängeln sich um die mit dichtem Wald bedeckten Felsen, wir toben uns noch einmal richtig aus.

Dann erreichen wir Hřensko: Stau, Verkaufsbuden ohne Ende, Einkaufstourismus – bloß weg von hier! Ein paar hundert Meter weiter überqueren wir dann auch schon die Grenze nach Deutschland. Beim nächsten Mal fahren wir besser über Liberec, mit einem Stopp auf dem Berg Jested – Jan hatte von der Aussicht geschwärmt. Wir wollen uns noch Ziele bewahren: Tschechien, wir kommen wieder!

INFORMATION

Allgemeines: Es gibt viele Möglichkeiten, mit dem Motorrad nach Tschechien zu reisen: Autobahnen, Landstraßen, Feldwege und über die »Grüne Grenze«. Tschechiens Infrastruktur ist gut, viele Geschäfte haben auch am Sonntag geöffnet. Die meisten Straßen und Wege sind nummeriert. Die Straßenverhältnisse sind meist gut, doch fehlen oft Straßenbegrenzungen, was besonders das Fahren bei schlechten Sichtverhältnissen und bei Nacht erschwert. Fußgänger und die auch heute in Tschechien noch anzutreffenden Pferdefuhrwerke erfordern erhöhte Aufmerksamkeit. Für Endurofahrer ist Tschechien dank vieler unbefestigter Wege ein wahres Paradies. Die Verkehrsregeln entsprechen weitgehend den deutschen. Es besteht Helmpflicht, das Abblendlicht muss beim Fahren auch tagsüber eingeschaltet sein. Wer mit dem eigenen Motorrad Tschechien bereist, muss Führerschein, Kraftfahrzeugschein und Versicherungspapiere des Fahrzeugs vorweisen. Die grüne Versicherungskarte ist nicht mehr Pflicht, im Falle eines Unfalls aber hilfreich. Tschechien sollte aber darin eingeschlossen sein. Es empfiehlt sich, Fahrzeuge nicht nur nachts auf bewachten Parkplätzen abzustellen.

Reisezeit: Die beste Reisezeit für Tschechien ist Anfang Mai bis Ende Oktober.

Reisedauer und Wegstrecke: Da An- und Abreise nach Tschechien je nach Startort ein bis zwei Tage dauern, sollte man für die Reise mindestens eine Woche, besser zwei Wochen einplanen.

Die Route im Detail: Fahrt durch Thüringen und das Vogtland zu unserem Quartier in Nepomuk, Rundtour durch das tschechische Bäderdreieck, Rundtour durch das böhmische Becken mit Pilsen, Rundtour durch Südböhmen mit Český Krumlov, Budweis und Tabor, Fahrt entlang der Moldau nach Prag, Stadtrundgang, durch Nordböhmen ins Elbsandsteingebirge, Rückfahrt nach Deutschland.

Übernachten: Das Angebot an Unterkünften in Tschechien ist sehr vielfältig. Nahezu überall werden Privatunterkünfte angeboten, dazu Hotels aller Kategorien, z. B. das Hotel U Zeleného stromu in Nepomuk.
Hilfreich: Tschechische Zentrale für Tourismus, Berlin, Tel. 030/204 47 70,
www.czechtourism.com.
IncoCzech Travel, Prag, Tel. 00420/7-24 84 52 54,
www.incoczech.com

Maut: In Tschechien sind die Autobahnen für Motorräder mautfrei.

Karten: Reise Know-How Verlag, Tschechien 1:500 000 zur Übersicht und Planung. Detailkarten vor Ort in Buchhandlungen und an Tankstellen erheblich günstiger

Der Nordrand der Alpen hat für Motorradfahrer viel zu bieten, so die Fahrt zu den Kalkgipfeln des Karwendel.

Panoramatour durch die Nordalpen

Über rund 450 Kilometer führt die Deutsche Alpenstraße von Berchtesgaden nach Lindau. Das bedeutet nicht nur viele Kilometer Motorradfahrspaß, sondern auch reichlich Impressionen aus einer der schönsten Landschaften Europas – wenn man sich ein wenig Zeit nimmt.

Die Eng liegt zwar nicht direkt an der Deutschen Alpenstraße, aber der Abstecher nach Österreich lohnt sich unbedingt.

Jodeln möchte man, vor Freude jubeln. Die Kurven der Roßfeldpanoramastraße sind einfach gut zu nehmen. Und wenn dann das Wetter dazu passt, ist das ein einzigartiger Fahrspaß vor großartiger Alpenkulisse. Die Panoramastraße ist bei diesem Wetter ein kilometerlanges Bikertreffen, das auf mehr als 15 Kilometern unvergleichliche Ein- und Ausblicke in die Hochgebirgslandschaft der Alpen bietet. Die Fahrt ist ohne jegliche Anstrengung, es sei denn, man betrachtet die 1100 Meter Höhenunterschied mit zahllosen Kurven als sportliche Herausforderung. Aber dazu ist die Strecke eigentlich zu schade.

Deutschlands südöstlichster Zipfel hat weitere Schmankerl: das Salzbergwerk in Berchtesgaden, in das man mit einem kleinen Zug einfährt, dann natürlich der Königssee mit dem berühmten Echo, für das sich die hornblasenden Begleiter an Bord der Schiffe ein kleines Trinkgeld erhoffen. Und dann die Ramsau – durch die man das Berchtesgadener Land verlässt – mit dem einige Kilometer abseits der Alpenstraße gelegenen zauberhaften Hintersee.

Via Schneizlreuth und Ruhpolding geht es durch einen wilden Teil der Chiemgauer Alpen. Schroffe Gipfel ragen links der Strecke in den Himmel, tosende Bäche stürzen die steilen Hänge. Erst in Reit im Winkel wird die Landschaft lieblicher, rollt man an muhenden Kühen und dunklen Wäldern vorbei. Nun kehre ich den Bergen den Rücken, vorerst zumindest. Ziel ist der Chiemsee mit der Insel Frauenchiemsee. Es ist nicht weit, nur ein paar Minuten auf dem weißen Dampfer, dann finde ich mich in einer komplett anderen Welt wieder, die seit mehr als 1200 Jahren von der Kirche geprägt wird. Benediktinerinnen waren es, die auf der Insel lebten, deren Stimmen von den Wänden in den Hallen und Sälen des mächtigen Klostergebäudes widerhallten. Es duftet in den Gärten nach Blumen und in den Restaurants der Insel nach Fisch. Der ist der klare kulinarische Favorit der Inselbesucher, und dem Urteil schließe ich mich an.

Bis zu meinem Tagesziel Bad Tölz sind es noch etwa hundert Kilometer. Und die fahre ich jetzt erneut auf der Deutschen Alpenstraße, ziehe nach Samerberg hinauf, schwinge auf der anderen Seite wieder hinunter in das Inntal, um hinter Brannenburg im dichten Bergwald zu verschwinden. An einer Mautstelle werde ich ein wenig ärmer, folge dann der schmalen Straße in Richtung Tatzelwurm. Hier im Wald ist die Straße noch feucht, liegen Blätter und kleine Zweige auf der Straße. Also langsam. Passt ohnehin zu der schönen Umgebung. Am Tatzelwurm ändert sich dann der Charakter der Strecke. Statt durch dichten Wald geht es nun über Almwiesen – und das in einigen Serpentinen. In dieser Passage macht die Alpenstraße ihrem Namen alle Ehre. Es ist kein Zufall, dass auf halber Strecke nach Bayrischzell – auf dem Sudelfeld – eine Bikerkneipe zu einer Pause einlädt.

> Es duftet in den Gärten nach Blumen und in den Restaurants der Insel nach Fisch

Nach einem schnellen Kaffee geht es weiter, hinunter zum Ursprungtal und dann zum Schliersee. Die Aussicht auf das Alpengewässer ist famos, die Fahrt daran entlang weniger. Denn am Ufer reiht sich Haus an Haus, bis Hausham geht es im Feierabendverkehr nun ein wenig zäh voran. Fahrspaß kommt erst wieder auf der Strecke nach Gmund am Tegernsee auf – und erst recht auf der Passage durch das einsame Weißachtal zum Achenpass und dann entlang der Isar nach Bad Tölz.

Am nächsten Morgen nehme ich mir etwas Zeit, um den Ort zu erkunden. Typisch bayrisch, die schön verzierten Häuser, über denen die Kirche auf dem Kalvarienberg wacht. Früher lebte die Region von der Holzwirtschaft, die Stämme wurden die Isar hinunter Richtung München geflößt. Für mich geht es aber wieder in die entgegengesetzte Richtung, in die Berge, dort, wo die Isar herkommt. Am Sylvensteinsee stoße ich wieder auf die Deutsche Alpenstraße, nehme mir aber mit dem Abzweig nach Hinterriß und in die Eng eine »alpine Auszeit«. Ein Hochgenuss sind diese Kilometer mitten hinein in das Karwendelgebirge mit seinen abweisenden Kalkwänden, die in so krassem Gegensatz zu den lieblichen Wiesen auf dem Ahornboden mit den unzähligen Ahornbäumen stehen.

Da können auch die – zugegebenermaßen ebenfalls schönen – Kilometer auf der Mautstraße nach Wallgau nicht ganz mithalten, auch wenn sich an deren Ende die Zugspitze zeigt. Am Walchensee vorbei presche ich die

Links: Eine Statue am Schloss Linderhof

Rechts: Schon oft fotografiert: die Kirche in der Ramsau bei Berchtesgaden

Grün statt grau: Der Maserer-Pass führt in das liebliche Voralpenland (links). Kirchen sind auf der Alpenstraße ein häufiger Anblick (rechts).

Pause an der Isar bei Lenggries mit dem Brauneck

Kesselbergstraße hinunter zum Kochelsee und biege an dessen Nordufer nach links ab, überquere ein riesiges Moorgebiet und nehme Kurs auf den Hohen Peißenberg. Wie eine Insel ragt dieser markante Hügel aus dem Alpenvorland, von dessen Gipfel sich ein großartiger Panoramablick auf die Alpenkette bietet. Schweren Herzens verlasse ich die Kuppe, ziehe hinunter ins Tal, fahre weiter in das trubelige Oberammergau und dann in Richtung des Nachbarlandes. Vor der Grenze nach Österreich gönne ich mir noch einen märchenhaften Stopp. Ludwig II. hatte sich in einem nahen Tal ein Schloss bauen lassen, in dem er seiner Fantasie freien Lauf lassen konnte. Linderhof ist kein irdischer Platz, sondern eine Traumwelt inmitten eines einsamen Gebirges. Prunkvoll das Ambiente in den verschiedenen Sälen, wo insgesamt 4,5 Kilogramm Gold verteilt sind, geradezu fantastisch-grotesk die künstliche Grotte mit einem See, über den der Monarch in einem schmucken Boot fuhr. Hier brannte das erste elektrische Licht Bayerns! Virtuelle Welten sind keine Erfindung moderner Computersoftware – Ludwig II. war seiner Zeit weit voraus!

Der Blick auf die waldbestandenen Hänge führt mich in die Gegenwart zurück, das Motorrad weiter in Richtung Plansee und ins Lechtal. Die Alpenstraße führt hier direkt zurück nach Deutschland. Die spannendere Alternative ist jedoch der Gaichtpass hinauf ins Tannheimer Tal, wo erst die Kehren des steil hinunter ins Tal von Hindelang führenden Oberjochpasses wieder auf deutschem Hoheitsgebiet verlaufen. Die Deutsche Alpenstraße wird nun Cruiser-Terrain. Durch Immenstadt und am Alpsee entlang geht es sanft schwingend nach Westen durch die grüne Hügellandschaft des Allgäus. Ein paar Kurven hinter Scheidegg, dann erreicht man Sigmarszell und das Ende der Fahrt über die Deutsche Alpenstraße – die mit einem Bad im Bodensee abgeschlossen werden kann.

INFORMATION

Allgemeines: Die Deutsche Alpenstraße führt am Nordrand der Alpen von Berchtesgaden bis zum Bodensee. Der Reiz der Route liegt in der Vielfalt der Landschaften, die dabei passiert werden. Das spiegelt sich auch in der Streckenführung wieder, die mal bestes Cruiser-Terrain, mal Kurvenfresserreich ist.

Reisezeit: Motorradfahrer können die Deutsche Alpenstraße zwischen Mai und September auf ihren Tourenplan setzen. Bei günstiger Witterung sind zumindest die niedriger gelegenen Teile der Route auch schon im April bzw. bis in den Oktober hinein schneefrei und deshalb gut fahrbar. Verschneite Bergkuppen üben gerade dann ihren ganz eigenen optischen Reiz aus.

Reisedauer und Wegstrecke: Die deutsche Alpenstraße erstreckt sich auf einer Länge von über 450 km (670 km inklusive der beschriebenen Abstecher) zwischen Königssee und Bodensee. Drei Tage sollte man für die lange Variante einplanen und hat damit Zeit für Sehenswürdigkeiten und den ein oder anderen Cappuccino.

Die Route im Detail: Die Landschaft im Alpenbogen bietet Bikern fahrerische Abwechslung vor traumhafter Kulisse. Die Strecke führt an zahlreichen Bergseen, prachtvollen Schlössern sowie ursprünglichen Ortschaften vorbei. Start ist in Berchtesgaden, wo die mautpflichtige Roßfeldpanoramastraße auf bis zu 1570 Meter hochführt. Weiter geht es durch die Ramsau und die Chiemgauer Alpen nach Reit im Winkl und dann zum Chiemsee. Nach Samerberg quert man das Inntal und fährt auf einem der reizvollsten Teilstücke durch das Mangfallgebirge über das Sudelfeld zum Schliersee. Lohnend ist ein Abstecher nach Bad Tölz. Zwischen Tegernsee und Kochelsee fährt man durch eine fantastische Hochgebirgslandschaft. Unbedingt empfehlenswert ist der Abstecher auf der mautpflichtigen Straße nach Hinterriß in die von den Karwendelgipfeln umstandene Eng mit dem Großen Ahornboden. Über eine weitere gebührenpflichtige Straße führt die Route durch das wilde Isartal nach Wallgau. Die Deutsche Alpenstraße verläuft nun direkt nach Garmisch, kann aber durch die reizvolle Route zu Walchen- und Kochelsee mit der Kesselbergstraße erweitert werden. Auch für die Fahrt von Oberammergau und Oberjoch ist für Motorradfahrer die Variante über den Ammersattel und den Gaichtpass die bessere Alternative, zumal der Oberjochpass mit seiner fantastischen Aussicht ein abschließender Höhepunkt des gebirgigen Teils der Alpenstraße ist. Die verbleibenden Kilometer bis hin zum Bodensee sind weniger spektakulär und enden mit den Serpentinen bei Sigmarszell.

Übernachten: Entlang der Strecke gibt es unzählige Unterkünfte für jeden Geldbeutel. Die Spanne reicht dabei von der einfachen Privatunterkunft bis zum qualitativ hochwertigen Hotel mit Spa. Schilder weisen vielerorts auf motorradfahrerfreundliche Häuser hin, in denen »Bikers Welcome« sind.

Maut: Einige Teilstücke der beschriebenen Route sind mautpflichtig: Roßfeldpanoramastraße, Tatzelwurmstraße von Brannenburg zum Sudelfeld, Rißtal ab Hinterriß, Vorderriß–Wallgau.

Karten: Über die Deutschen Alpen gibt es mehrere Straßenkarten, die sich zum Teil speziell an Motorradfahrer richten und reiß- und wasserfest sind (z. B. von Publicpress).

Bei Ullapool an der rauen
Westküste Schottlands

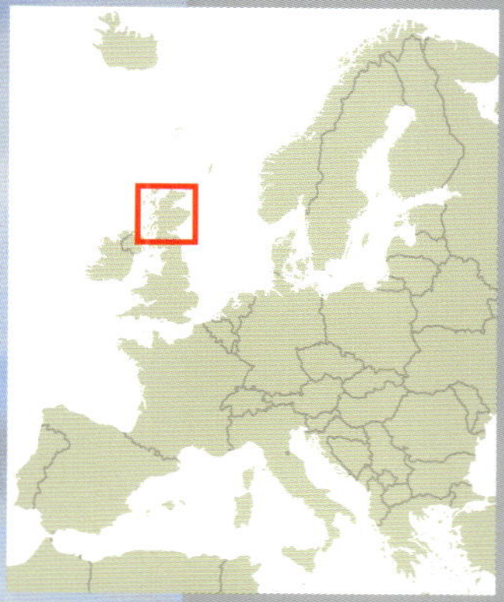

Von der Ost- bis an die Westküste Schottlands

Dem abwechslungsreichen Wetter zum Trotz gehört Schottland bei Motorradfahrern zu den angesagten Reisezielen. Einspurige Landstraßen locken tagsüber ebenso wie die gemütlichen Pubs am Abend.

KEEP LEFT stand direkt nach dem Fährhafen ständig auf Schildern und auch dick auf die Straße gepinselt. Dabei ist es ganz einfach, wenn man im Verkehr mitschwimmen kann. Aber jetzt, auf dem *single track*, muss ich mich konzentrieren: Die Ausweichstelle rechts ist bitteschön für den Gegenverkehr. Die einspurigen Single Tracks sind einer der Gründe, warum man nach Schottland fährt, der *single malt* ein zweiter. Whisky ist in Schottland kein alkoholisches Getränk, sondern auf jeden Fall ein Stück Kulturgut, oft eine philosophische Frage und manchmal fast eine Religion.

Von Edinburgh aus sind wir über Perth nach Norden gefahren, nicht ohne einen Schlenker um den Loch Leven bei Kinross zu machen – da fangen die Kurven nämlich an. Die Passhöhe bei Glenshee ist mit 670 Metern eine der höchstgelegenen Straßen Schottlands. Vom einst gefürchteten Devil's Elbow, zwei Haarnadelkurven, ist leider nicht mehr viel übrig, die A93 ist weitgehend begradigt, aber ein erstes Highland-Gefühl stellt sich ein: Heidekraut, Schafe und kahle Berge, eben Schottland aus dem Bilderbuch. Und dann geht es hinab in das Tal des River Dee. Östlich von Braemar hat die Queen ein Schloss, Balmoral Castle.

Bei Ballater beginnt der erste Single Track, jetzt ist bei den Ausweichstellen Konzentration gefordert. Aber wie soll man Ausweichen üben, wenn keiner von vorne kommt? Die Brücke in Bridge of Gairn ist ein erster Kurs zum Motorradfahren in Schottland: Das historische Bauwerk ist schmal und so steil gebaut, dass man das andere Ende der Brücke über die Kuppe nicht erkennen kann. Da kann sich ein Land Rover dahinter verstecken. In Deutschland wären hier folgende Schilder aufgebaut: Tempo 30, Gegenverkehr hat Vorrang, Achtung, Gefahrenstelle – falls die Brücke nicht schon längst abgerissen wäre oder eine Ampelschaltung hätte. In Schottland wird einmal »slow« auf jeder Seite auf die Straße geschrieben und that's it. Hat ja jeder Augen im Kopf, um zu sehen, dass man hier langsam fahren muss. Wir ler-

Die Brücke bei Ballater ist viel älter als die Erfindung des Motorrads (oben). Urquhart Castle am Loch Ness ist ein Pflichtstopp (unten links). Am Hafen von Portree (unten rechts).

nen schnell: Hier ist beim Fahren Eigenverantwortung gefragt. Und außerdem wird sehr rücksichtsvoll gefahren.

Kildrummy Castle ist eine Ruine auf einem der grünen Hügel zwischen der Deeside und der Speyside. Kaum haben wir angehalten, kommt schon ein Border Collie auf uns zugelaufen, umkreist uns mitsamt den Motorrädern einmal und schießt wieder zurück. Nein, wir gehören nicht zu deiner Schafherde! Die Wärterin der Ruine hat ihn zurückgepfiffen. Der Hund freut sich genauso wie sie, dass endlich mal jemand anhält. Historic Scotland ist eine Organisation, die 300 historische Gebäude verwaltet und erhält. Der Eintritt wird zum Erhalt der Gebäude verwendet. Kildrummy Castle gehört zu den Anlagen, die nicht gerade von Besuchern überrannt werden – und so hat die Hüterin der Gebäude viel Zeit für einen Plausch und ist gern bereit, über die Geschichte der Burganlage zu erzählen. Derweil rennt ihr Border Collie über die Wiese, als müsste er Dutzende Schafe einfangen.

Bei Craigellachie erreichen wir den Fluss Spey. In der Speyside sind zahlreiche renommierte Whisky Distilleries ansässig: Glenfiddich, Glenlivet und Glen Grant, um nur einige zu nennen. Eine Führung sollte man schon mal mitmachen, spannend auch das Cooperage Center in Craigellachie, wo gezeigt wird, wie man Fässer herstellt. Wir rollen auf kleinen und kleinsten Straßen; B-Straßen mit vierstelligen Nummern sind in Schottland immer einen Abstecher wert. Am Rande des Cairngorm National Parks geht es in Richtung Inverness und Loch Ness.

Um es gleich vorweg zu nehmen: Der Abstecher zum Loch Ness ist nicht mehr, als ein Fähnchen auf die Karte zu setzen: »Da bin ich auch gewesen!« Bei Drumnadrochit dümpelt in einem Teich ein Schmalspur-

Nessie aus Plastik. Und ja – Urquhart Castle liegt schön oberhalb des Sees. Aber muss es dafür doppelt so viel Eintritt kosten wie Kildrummy? Busse voller Touristen, Wohnmobile auf der A82 am See entlang – unser Ding ist das nicht. Das schönste am Loch Ness ist die Schleusentreppe des Caledonian Canal in Fort Augustus am südlichen Ende des Sees. Aber wir ziehen die kleinen Straßen vor. Bei Inverness weckt ein Schild an der A9 unser Interesse: »Two Car Ferry«. Abbiegen und die 18 Meilen bis Cromarty fahren. Und wirklich – der Name ist Programm. Eine winzige Fähre nimmt nur vier Autos mit über den Firth of Cromarty, beim alten Schiff waren es sogar wirklich nur zwei, daher der Name. Zehn Minuten dauert die Überfahrt auf dieser putzigen Fähre.

Eine gesperrte Straße zwingt uns zu einem Umweg bei Alness. Einspurig mit hohen Hecken rechts und links, nicht einsehbare Einfahrten und Kurven. Ich bin dankbar, dass vor uns ein Geländewagen fährt. Da weiß man wenigstens, dass die Straße frei ist und keine unliebsame Überraschung hinter der Kuppe kommt. Außerdem ist der Range Rover ziemlich zügig unterwegs. Knapp hundert würde ich hier sonst nicht fahren. Und was passiert? Die Fahrerin fährt links ran, als sie die beiden Motorräder im Spiegel sieht und winkt uns freundlich vorbei. Sie glaubt wohl, dass wir schneller sind als sie. Dumm gelaufen, jetzt müssen wir vorne fahren und Gas geben, um ihr nicht im Weg zu stehen.

Durch den Umweg verpassen wir Tain, aber da wird schon noch eine Tankstelle kommen, bevor wir ins Inland abbiegen ... Bonar Bridge ist nur auf der Landkarte groß, Inveran besteht lediglich aus wenigen Häusern. Vorsichtshalber fahren wir weiter nach Lairg, obwohl wir eigentlich nach Strath Oykel abbiegen wollten. Es ist Samstagnachmittag, ich komme langsam ins Schwitzen, weil beide Motorräder schon auf Reserve fahren. Endlich finden wir in Lairg zwei alte Zapfsäulen. Ob der betagte Herr an der Kasse schon mal eine Kreditkarte gesehen hat?

Portree auf der Isle of Skye liegt hübsch um eine Bucht herum. Zimmer zu bekommen ist hier oft schwierig.

An der Westküste bei Elphin baut sich hinter uns eine Wolkenwand auf, aber am Leuchtturm von Corran am Loch Linnhe ist es wieder sonnig.

Verstehen kann ich ihn nicht. Er spricht wohl Englisch und nicht Gälisch, aber nuschelt so schnell, dass ich aufgebe. Zum Glück habe ich Bares dabei. Das funktioniert immer.

Der Single Track von Lairg nach Ledmore Junction an der Westküste ist großartig, eine Hochebene voller Heidekraut, sonst nichts. Über rund 40 Kilometer fast kein Haus, fast kein Baum, nur diese sanften braungrünen Hügel. Hin und wieder eine Kurve, dann wieder eine Gerade mit Ausweichstellen. »Passing Place« steht auf dem Schild, damit es auch jeder merkt. Die Westküste ist anders, sie ist rauer, auch vom Wetter her. Und doch treffen wir hier auf Anhieb mehr Motorradfahrer als im Osten. Die Zahl der Kurven nimmt zu, das wird der Grund sein. Über Ullapool fahren wir nach Gairloch.

Vor dem nächsten Tag hatte man uns gewarnt: Der Pass of the Cattle solle so schwierig zu fahren sein. Nun ja, bei 626 Höhenmetern sollte er nicht anspruchsvoller sein als Gavia oder Stilfser Joch in den Alpen. Über Fearnmore sind wir nach Applecross gefahren, der örtliche Pub läuft zur Mittagszeit über. Radfahrer, Wanderer, Motorradfahrer und ein Club mit einigen Triumph Spitfire und TR6 sorgen für reichlich Umsatz. Die beiden resoluten Damen am Tresen stemmen das schon. Tische sind nicht mehr frei, wir bekommen zwei Stühle an der Theke zugewiesen. Bislang waren wir trocken gefahren, aber während wir im Pub sitzen, prasseln Sturzbäche vom Himmel. Wir essen in aller Ruhe zu Ende, als wir wieder rausgehen, hat der Regen aufgehört. Frisch gestärkt fahren wir den Pass of the Cattle hinauf. Verdammt, ist das eng hier! Zwei Tourenmotorräder mit Koffern müssen auf einem kurzen Teilstück schon zirkeln, um aneinander vorbei zu kommen. Nach der Passhöhe, die ich einfach zu fahren finde, folgen zwei enge Spitzkehren links herum. Links herum auf der Innenbahn einer einspurigen Straße, jetzt wird's schon kniffeliger. Und dann kommt dieser alte britische Sportwagen röhrend den Berg raufgeknallt, als gäbe es kein Morgen. Veteranenfahrer im Sporteinsatz. Junge, die Straße wird nicht breiter! Gut, dass der alte Herr am Volant fahren kann. Ich bin ganz hart auf der Asphaltkante unterwegs, daneben sind bestimmt zehn Zentimeter Absatz zum Bankett. Und rechts zieht der Sportwagen auf den Zentimeter genau an meinem Lenkerende und Koffer vorbei. Der Pass of the Cattle wäre einfach, wenn man ihn für sich allein hätte …

Und dann kommt dieser alte britische Sportwagen den Berg raufgeknallt, als gäbe es kein Morgen

Bruichladdich ist eine von sieben Distilleries auf Islay – ziemlich viel für die nur 3500 Einwohner zählende Insel. Allein das macht den Abstecher schon lohnend.

Die Straße zum berühmten Kildaton Cross und der Kirchenruine von Kildaton auf Islay ist ziemlich schlecht.

Der Abstecher nach Portee auf der Isle of Skye fällt wegen einer gesperrten Straße kürzer als geplant aus. Wir müssen wegen eines Unfalls einen riesigen Umweg fahren und sind erst spät am Quartier. Warmes Essen gibt es in Portree nur bis 21 Uhr, danach nur noch außer Haus. So sitzen wir schließlich mit zwei Schachteln Fish and Chips in unserem Bed and Breakfast auf der Bettkante, dazu englisches Dosenbier aus dem Supermarkt.

Über Oban und Lochgilphead fahren wir auf einer kurvenreichen Motorradstraße zur nächsten Insel. Von Kennacraig aus bringt uns die Fähre hinüber nach Islay. Auf speziellen Wunsch eines einzelnen Herrn steht Islay auf dem Programm. Sieben Whisky Distilleries auf 3500 Einwohner und der vielleicht torfigste Single Malt Schottlands, das will ich sehen. Bei Bruichladdich, Ardbeg, Laphroaig, Lagavulin und Bunnahabhain kann ich zwar die Hälfte der Namen nicht richtig aussprechen, aber das stört beim Trinken weniger. Schotten verzeihen Deutschen und Franzosen viel mehr als Engländern. Manche probieren sogar, langsamer zu reden. Im Shop von Bruichladdich hatte ich zwei Flaschen gekauft. »Du kannst keinen Whisky kaufen, ohne ihn vorher zu probieren«, wurde ich zum Trinken genötigt. »Ich bin mit dem Motorrad da!« Ein verständnisloser Blick. Na gut. Dann kommt die Führung mit Jim. Er ist nicht nur ein exzellenter Whiskyexperte, sondern auch ein begnadeter Entertainer. Storytelling, das Erzählen von Geschichten, gehört zu einer guten Besichtigung dazu. Er erklärt Farben und Gerüche, den Einfluss des Holzes und macht dann ein 17 Jahre altes Fass auf. Wir sollen kosten. Das ist mein dritter Whisky und ich bin mit dem Motorrad da. Ein Kanadier fragt, ob es auf Islay keine Polizei gibt? »Wir haben drei Polizisten. Zwei schlafen immer und einer meistens«, lautet Jims Antwort. Dann macht er ein 25 Jahre altes Fass auf. Den sollen wir auch noch probieren. 25 Jahre alt, rötliche Färbung, vom Master Distiller persönlich! Da kann man doch nicht nein sagen! Was sagt meine Guzzi nur dazu?

INFORMATION

Allgemeines: Bis 1707 war Schottland ein selbständiges Königreich, seitdem wird es aus London regiert. In den vergangenen Jahren hat es starke Autonomiebestrebungen gegeben, über eine Auflösung des Bundes mit England wird laut nachgedacht. Engländer sind in Schottland nicht ganz so gern gesehene Gäste, Deutsche, Holländer und Franzosen sind willkommen. Bei den »guten« Touristen gibt man sich gern Mühe, den starken und sehr speziellen schottischen Akzent zu verbergen, während Engländer es entweder verstehen oder eben nicht. Es ist immer wieder erstaunlich, wie offen Touristen empfangen werden.
Man kommt ganz schnell ins Gespräch.

Anreise: Drei Fährstrecken kommen für die Anreise in Frage: Von Amsterdam nach Newcastle ist die Route, die am weitesten in den Norden führt (DFDS Seaways). Allerdings sind die Schiffe schon älter und wenig komfortabel. Von Rotterdam nach Hull fährt P&O. Die neuesten Schiffe hat Stena Line auf der Route von Hoek van Holland nach Harwich. Dann hat man jedoch eine rechte lange Fahrt durch England.

Reisezeit: Mai bis September, der Oktober kann sehr schön sein, ist aber oft schon richtig kalt. Am schönsten ist es Ende Mai und Anfang Juni, wenn die Rhododendren in voller Blüte stehen. Das Wetter kann in Schottland sehr wechselhaft sein. »Wenn Dir das Wetter nicht gefällt, warte eine Viertelstunde«, sagen sie in Schottland. Ja, manchmal wechselt es wirklich schnell.

Reisedauer und Wegstrecke: Mit An- und Abreise sollte man mindestens zehn Tage einplanen. Im Land sollte man nicht unter sieben Nächte bleiben, wenn man die Inseln Skye und Islay besuchen will, sollte man insgesamt mit zwei Wochen planen. Die hier beschriebene Tour hat ab und bis Edinburgh eine Länge von rund 1500 Kilometern.

Die Route im Detail: Edinburgh – Kinross – Perth – Blairgowrie – Ballater – Rhynie – Dufftown – Craigellachie – Grantown-on-Spey – Inverness – Abstecher Loch Ness – Cromarty – Tain – Lairg – Ledmore Junction – Ullapool – Gairloch – Shieldaig – Applecross – Kyle of Lochalsh – Portree – Fähre Armadale-Mallaig – Oban – Kilmelford – Lochgilphead – Tarbert – Fähre Kennacraig – Islay hin und zurück – Lochgilphead – Inveraray – Loch Lomond – Stirling – Edinburgh

Übernachten: Am schönsten übernachtet man in B&B und kleinen Guest Houses. Die Zimmer sind in Schottland wie in England kleiner als auf dem Kontinent, die Bäder ebenso. Hotels können in Qualität und Preis sehr unterschiedlich sein. Victorianische Bauten mögen charmant sein, aber oft sind sie von innen verbaut. Treppauf, treppab und drei Mal um die Ecke findet man dann ein plüschiges, kleines Zimmer. Empfehlung: Lieber ein 4-Sterne-B&B nehmen.

Karten: Kümmerly & Frey, Schottland, 1:275 000 hat den besten Maßstab, aber ein paar kleine Fehler drin. Michelin Blatt 501 im Maßstab 1:400 000 passt gut in den Tankrucksack, ist aber etwas gröber im Maßstab.

Arundel ist eine englische Kleinstadt wie aus dem Bilderbuch, mit Cricket Club, Castle und Fachwerkhäusern.

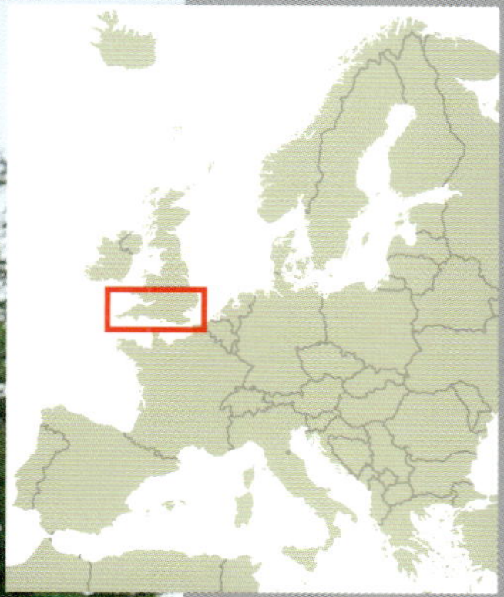

Quer durch Südengland bis nach Land's End in Cornwall

Dartmoor ist gar nicht gruselig, wenn man es bei Sonne erlebt. Der Süden Englands mit den Landschaften Devon und Cornwall überrascht mit einer großartigen Landschaft, netten Menschen und einem Wetter, das besser als sein Ruf ist.

Joss kommt mit einer großen Kanne Tee und zwei selbst getöpferten Bechern. Auf dem Teller hat sie *Scones with clotted cream*. Die Scones sehen so ähnlich aus wie Muffins, aber der Kalorienhammer kommt in Form der *clotted cream*. Das ist eine Art Rahmbutter mit mindestens 55 Prozent Fett – eine Spezialität in Englands südlichsten Provinzen Devon und Cornwall. Wir sitzen mitten in Dartmoor im strahlenden Sonnenschein. Joss Hibbs hat sich vor einigen Jahren hier mit ihrer Töpferei in der moorigen Landschaft niedergelassen. Es ist merkwürdig: Bei Dartmoor fällt mir ein Schwarzweißfilm ein. Aber welcher war es gleich? »Der Hund von Baskerville« heißt einer der mehrfach verfilmten Sherlock-Holmes-Kriminalromane, es gibt aber auch Filme nach Edgar Wallace, die in Dartmoor spielen.

Meine Assoziation passt jedenfalls gar nicht zu dem sonnigen Tag. Auch das ominöse Dartmoor Prison, dieses Gefängnis in der Einsamkeit der Moore, macht auf uns keinen Furcht einflößenden Eindruck. Im Gegenteil, es liegt geradezu idyllisch in der hügeligen Landschaft. Und mal ehrlich: Wer will denn als Motorradfahrer nur wegen der gruseligen Atmosphäre im Nebel durchs Moor fahren? Passt schon mit der Sonne!

Vor ein paar Tagen sind wir in Dover mit der Fähre angekommen. Das finde ich immer noch besser als durch den Eurotunnel nach England zu reisen. Ich will die weißen Kalkfelsen sehen und Dover Castle, die Festung, die dort oben über den Ärmelkanal wachen sollte. Dass dieser Berg von innen löcherig wie ein Schweizer Käse ist, wissen die wenigsten. Es gibt dort ein unterirdisches

Fernsicht auf der Panoramastraße durch den Dartmoor Nationalpark

Selbstgebackene Scones with Clotted Cream schmecken unglaublich lecker, aber der Kalorienzähler dreht heiß.

Labyrinth, das im Zweiten Weltkrieg die britischen Soldaten vor deutschen Angriffen schützen sollte.

In einer Halbtagestour hatten wir es von Dover bis Brighton geschafft, wobei der erste Lerneffekt sofort einsetzte. Straßennummern mit einem B sind klein, kurvenreich und urtümlich, aber man kommt nicht voran. A-Straßen mit einer dreistelligen Nummer sind meistens OK, und die niedrigen Nummern mit einem A davor sollte man meiden: Sie sind oft vierspurig mit viel Verkehr. Das stimmt natürlich nicht immer, aber als Faustregel taugt es schon. Und dann diese *Roundabouts*! Die Engländer wollen wohl Weltmeister im Bauen von Kreisverkehren werden. Für Motorradfahrer, die wenig Erfahrung mit dem Linksverkehr haben, sind die Kreisverkehre zwar eine gute Übung, aber wenn etwas mehr los ist, sorgen sie schnell für stockenden Verkehr.

Der erste Tag war noch wenig spektakulär, bis auf die Küstenstraße von Eastbourne über Beachy Head. Die Ginsterbüsche an der Steilküste haben alle eine Sturmfrisur und schauen in dieselbe Richtung. Vom Berg hinab sind wir direkt auf das Meer zugefahren. Welch tolle Aussicht! Brighton am Abend ist eine Show: Wir hatten das Gefühl, dass die ganze Stadt aufgerüscht ist, alle Pubs und Restaurants sind voll, die Stimmung ist großartig. Halb London scheint hier am Wochenende zu feiern. Die Hotels vermieten freitags und samstags die Zimmer nur noch für zwei Nächte Mindestaufenthalt, so populär ist Brighton bei den Briten.

Der zweite Tag nach Ferndon bei Bournemouth nervte etwas. Die Gegend dicht besiedelt und viel Verkehr, an flüssiges Fahren war nicht zu denken. Schön war der Besuch in Arundel mit seinem pittoresken Castle. Alles sehr possierlich und hübsch. Aber da hatten wir von der A27 schon die Nase voll. Die Pause nutzten wir zu einem kurzen Studium der Karte: Ab ins Inland, um Portsmouth und Southampton weiträumig zu umfahren – und schon lief es besser. Hecken links und rechts der Straße, kleine Dörfer und eine Straßenführung, die sich der hügeligen Landschaft anpasst.

Von Exeter aus stieg die Straße Stück für Stück an in den Nationalpark Dartmoor. Bei Postbridge überquerten wir eine alte, einspurige Brücke, nebenan befinden sich die Überreste eines noch älteren Exemplares im Bach. Im Zweifelsfall waren das die Römer, die haben ja schließlich bei Dover auch einen Leuchtturm gebaut. Und nun diese idyllische Pottery von Joss Hibbs mitten im Nichts.

Was für ein unglaubliches Blau: Und sofort füllen sich die Strände von St. Ives in Cornwall.

Ziemlich viel Landschaft für die wenigen Menschen, die hier das ganze Jahr über leben. Und für die frei lebenden Pferde im Nationalpark.

Den Abend verbringen wir in Plymouth. Das ist der Hafen, von dem Sir Francis Drake 1577 zu seiner Weltumsegelung aufbrach. Hier startete Thomas Cook seine Entdeckungsreisen und es war auch 1620 der letzte Hafen der Mayflower auf ihrem Weg nach Nordamerika. Plymouth hat mit *The Hoe* nicht nur eine der schönsten Uferpromenaden Englands – sie liegt oben auf einem Kalksteinplateau über dem Hafen und Meer –, sondern auch ein ausgesprochen lustiges Kneipenviertel am Hafen, wo man prima versacken kann. Leckere Fischgerichte, rustikale Bedienung und in jedem zweiten Pub Live-Musik – wo ging es gleich noch mal zum Hotel?

Der Himmel am nächsten Tag ist bedeckt, ab und an fallen ein paar Tröpfchen. Nicht der Rede wert. St Michael's Mount liegt leider im Dunst, dieser imposante Felsen im Meer mit der Burg drauf. Nur ein kurzer Stopp, dann weiter. Ob man unbedingt nach Land's End fahren muss, dem äußersten Punkt Cornwalls, muss jeder selbst wissen: Ein teures Hotel, drei Pfund Parkgebühr und Landschaft mit Meer dahinter. Letzteres kann man auch an anderen Küstenabschnitten Südenglands in ähnlicher Schönheit haben. Aber St Ives sollte man auf keinen Fall verpassen. Rund zehn Meilen liegen zwischen Penzance auf der Seite des Ärmelkanals und St Ives, das im Norden der Halbinsel bereits Richtung Irische See schaut. Die eine Seite bedeckt, die andere Seite wolkenfrei mit dem blauesten aller Himmel.

Leckere Fischgerichte, rustikale Bedienung und in jedem zweiten Pub Live-Musik

St Ives darf, sollte, muss man sich anschauen – nur eines sollte man vermeiden: in die Mitte des Dörfchens mit dem Motorrad zu fahren. Bis 16 Uhr dürfen ohnehin keine Fahrzeuge in den Ort. Es ist 16.05 Uhr. Also schauen wir mal, ob sich dort ein Fotomotiv findet. Es geht steil bergab auf Kopfsteinpflaster, und die Fußgänger haben

Netter Stopp auf dem Weg: die Universitätsstadt Oxford mit ihren Colleges

nicht auf die Uhr geschaut. Sie laufen weiter mittig auf der Straße. Boah, ist das hier eng und steil. Und all die Leute! Schilder, wie man aus dem Gassengewirr wieder herauskommt, gibt es auch keine. Wenden ist unmöglich, also taste ich mich zu einer Kreuzung, unten, nahe des Hafens vor, wo es rechts wieder bergauf geht. Auf gut Glück probiere ich die steile Gasse aus und werde belohnt. Oben kommen wir tatsächlich wieder auf der Hauptstraße an. Von hier aus sieht es alles harmlos aus – und unwirklich schön mit dem türkisfarbenen Meer, dem blauen Himmel im Hintergrund und den weißen Häusern davor.

Im Dartmoor Nationalpark dürfen Pferde in freier Wildbahn leben (oben). Trocken gefallene Boote in Lynmouth am Rande des Exmoor Nationalparks (rechts).

Unsere Tour führt uns entlang der Westküste Cornwalls nach Norden, vom Meer sehen wir aber nur noch etwas, wenn wir Abstecher machen. Bis wir in den Exmoor-Nationalpark kommen. Die kargen Höhen kommen mir aus Dartmoor bekannt vor, doch dann kommt etwas völlig Unerwartetes: Wie in einem grünen Tunnel schlängelt sich die Straße von der Hochebene hinab in das Örtchen Lynmouth. Der Himmel über der Stra-

Plymouth bietet mit Sir Francis Drake nicht nur Geschichtsträchtiges, sondern auch tolle Pubs mit Live-Musik im Hafenviertel.

ße ist nicht zu sehen, Baumkronen schließen auch die kleinste Lücke. Die üppige Vegetation hat etwas Dschungelartiges. Dann Licht am Ende des »Tunnels« – Kieselstrand, ein paar Häuser und das Meer. Der kleine Hafen ist bei Ebbe trockengefallen, die wenigen Boote liegen im Schlick.

Es sieht aus, als gäbe es in Lynmouth nur die eine Straße neben dem Fluss, in dessen Mündung der Hafen liegt. Schnell findet sich ein Platz, um die Motorräder abzustellen. Jenseits des Flusses liegt ein Gartencafé. Dichte Hecken schützen Bänke und Tisch vor dem Wind. It's tea time! Lecker Gebäck und eine Kanne Tee. Dann parliert man ein wenig über das schöne Wetter, die Segelyacht vor dem Hafen und lobt die Schönheit der Steilküste. Und nimmt noch einen Schluck Tee.

INFORMATION

Allgemeines: Devon und Cornwall liegen im äußersten Südwesten Englands und sind von den Fährhäfen im Südosten je nach Fahrtstrecke rund 500 Kilometer entfernt. Auf dem Weg muss man immer am Großraum London vorbei, der mit dem Motorrad am besten weitläufig umfahren werden sollte. Ob nördlich oder südlich hängt vom gewählten Fährhafen ab.

Anreise: Die modernsten Fährschiffe fahren auf den Routen von Dünkirchen nach Dover (DFDS Seaways, alle zwei Stunden) und auf der Nachtstrecke von Hoek van Holland nach Harwich (Stena Line). Die Nachtüberfahrt von daher sinnvoll, weil sie eine Zwischenübernachtung ersparen kann.
Am engsten getaktet sind die Fähren von Calais nach Dover (P&O). In Calais beginnt der Eurotunnel. Auf britischer Seite liegt die Verladestation in Folkestone. Der Tunnel ist 50 Kilometer lang, die Fahrzeit beträgt 35 Minuten. Aber wer will schon mit dem Motorrad U-Bahn fahren?

Reisezeit: Südengland hat eine relativ lange Saison, die von etwa Mitte April bis weit in den Oktober hinein reicht. Da das Wetter in Großbritannien ohnehin wechselhaft ist, ist man auch in den Sommermonaten nicht vor feuchten Überraschungen sicher. Devon und vor allem Cornwall gelten aber als die sonnenreichsten Regionen Englands. Empfehlung: Mai und September

Reisedauer und Wegstrecke: Eine Woche ab und bis Fährhafen ist knapp geplant, ein paar zusätzliche Tage können nicht schaden. Die Reisedauer hängt letztlich davon ab, wie weiträumig man den Großraum London umfährt. Wie beschrieben liegt die Strecke bei knapp 1500 Kilometern in England.

Die Route im Detail: Dover – Rye – Hastings – Eastbourne – Brighton – Worthing – Arundel – Midhurst – Petersfield – Winchester – Ferndown (Bournemouth) – Wareham – Weymouth – Lyme Regis – Exeter – Moretonhampstead – Ylverton – Plymouth – St Austell – Falmouth – Helston – Penzance – (Abstecher Land's End) – St Just – St Ives – Newquay – Bideford – Barnstaple – Lynmouth – Minehead – Bridgwater – Bath – Chippenham – Hungerford – Oxford – Buckingham – Milton Keynes – Bedford – Cambridge – Haverhill – Colchester – Harwich

Übernachten: Es gibt sehr schöne Bed and Breakfast, die aber meist nur wenige Zimmer haben. Ein B&B-Verzeichnis mit den Bewertungen des britischen Automobilclubs AA gibt es im spezialisierten Reisebuchhandel oder vor Ort. Die Hotels können auf der Insel sehr unterschiedlich sein. Wo auch immer man wohnt: Die Maßstäbe für Sauberkeit sind in Großbritannien offenbar andere als in Deutschland. Grundsätzlich sind die Zimmer im Schnitt kleiner und oft auch die Betten schmaler als bei uns. Über britische Badezimmer könnte man ein ganzes Buch schreiben. Langflorteppichboden im Badezimmer gilt als nobel, also besser Badelatschen einpacken. Und getrennte Armaturen für Warm- und Kaltwasser sind immer noch üblich. Am besten schraubt man die eigene Erwartungshaltung nach unten und lässt sich dann positiv überraschen.
Karten: Es gibt einen sehr guten Atlas des Automobilclubs AA, der aber durch seine Größe für den Tankrucksack unpassend ist. Die Michelin-Karten 503 und 504 decken zwar die ganze Tour ab, sind preisgünstig und passen in den Tankrucksack. Mit dem Maßstab 1:400 000 sind sie aber für die kleinen B-Straßen oft nicht genau genug. Von Freytag & Berndt gibt es noch eine Cornwall-Karte im Maßstab 1:150 000, die nur einen kleinen Teil der Route abdeckt.

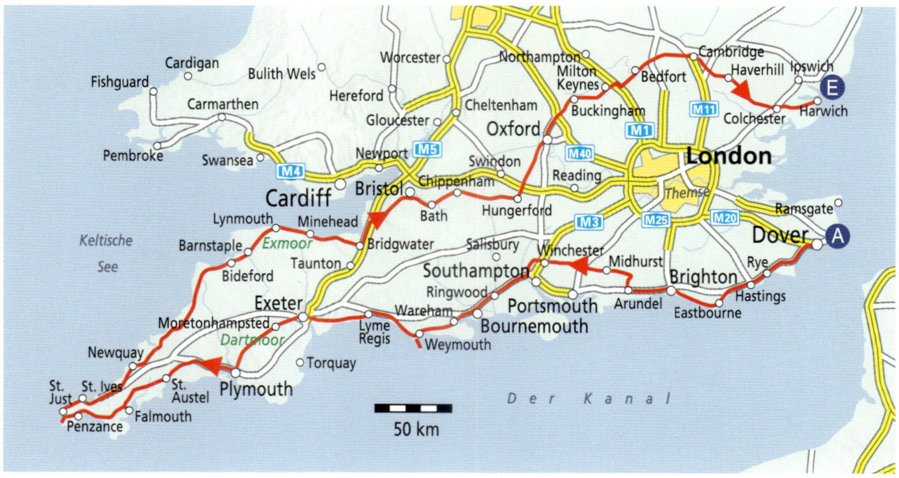

Zwei Höhepunkte in einem Bild vereint: Die geniale Tiger Explorer und der Col de l'Iseran

Die Legende der Seealpen

Ihre Pässe sind berühmt, ihre Landschaften anbetungswürdig, ihre Trassenführung atemberaubend – ja, ein Traumstraßenbuch ohne die Route des Grandes Alpes wäre schlichtweg eines: sträflich unvollständig.

Schon der Start in Thonon-les-Bains am Genfer See ist ein Genuss. Vielleicht entspannen Sie nach der Anreise hier erst einmal ein, zwei Tage – es lohnt sich. Gen Süden liegt der Einstieg zur Route des Grandes Alpes (RGA) dann direkt vor uns. Und führt erst einmal extrem kurvenreich durch die Hügel der Haute-Savoie. Das französische Département ist ein durchgehendes Gebirgsland, das im Süden von der mächtigen Montblanc-Gruppe gekrönt wird. Garniert mit idyllischen Tälern, panoramareichen Hochebenen sowie mit beschaulichen, typisch französischen Dörfern weist die überschaubare Region eines der höchsten Passaufkommen Frankreichs auf – gut 20 Stück listet Bikers Lieblingsprogramm »Motorrad Tourenplaner« auf. Von Langeweile kann also keine Rede sein.

Über Morzine und den Col des Gets nimmt das Warm-up seinen Lauf, über das Städtchen Cluses und den Col de la Colombière wird der immer wieder am Horizont schneeweiß aufblitzende Mont Blanc umrundet und spätestens oben am Roselendpass (Cormet de Roselend) mit Blick auf das Bergdorf Bourg-Saint-Maurice sollten Sie sich porentief warmgefahren haben.

Übrigens: Eine gute Orientierung bieten auch die unscheinbaren Meilensteine am Wegesrand, die neben der Straßennummer meist auch die Entfernung zum nächstgrößeren Ort sowie Angaben über die Seehöhe tragen. Ein Hauch deutscher Bürokratie in hochalpinen französischen Landen – was will man mehr?

Den folgenden Streckenabschnitt sollten Sie ausgeruht beginnen. Denn vorbei am idyllischen Lac de Tignes geht es hinauf nach Val d'Isère, dem berühmten Wintersportort mit einem im Sommer ganz eigenen Flair. Gleich hinter den letzten Häusern von Val d'Isère beginnt dann der Aufstieg zum legendären Col de l'Iseran. Nur ganze drei Monate im Jahr befahrbar ist der höchste Pass der RGA, kein Baum, kein Strauch wächst hier auf unwirtlichen 2770 Metern,

Trainingskontrolle Dank Serienbildern: Blick auf Val d'Isère und die Nordrampe des Iseran

Zwei Boxenstopps, die Pflicht sind: Briancon und seine historische Altstadt (links) sowie der einzigartige Col d'Izoard (rechts)

und meistens pfeift ein eiskalter Wind um die Ecken der Gipfelkirche.

Dafür liegen grandiose Landschaften direkt zu Ihren Füßen hier im Herzen des Nationalparks La Vanoise. Dreitausend Meter und mehr ragen die Felsen in den Himmel. Erst im hübschen Bergdorf Bonneval-sur-Arc, 900 Höhenmeter unterhalb des Passes, empfängt den durchgefrorenen Biker der erste Hauch des Südens, der auf den kommenden Kilometern immer stärker wehen wird.

Und spätestens hier haben Sie mit einem raschen Blick auf die Karte dann auch die Qual der Streckenwahl. Denn die Hauptroute der RGA ist seit Jahren schon erweitert um erlebenswerte Abstecher zu naheliegenden Pässen, die allesamt einen ausgiebigen Besuch im Mopedsattel lohnen. Zum Beispiel der ausgeschilderte Col du Mont Cenis bei Lanslevillard – vielleicht sogar inklusive Offroadpiste hinauf zum Petit Mont Cenis. Oder die Auswahl in Saint-Michel-de-Maurienne. Hier stehen der Col du Télégraphe mitsamt Galibier oder wenige Kilometer westlich der Col du Glandon sowie der Croix de Fer bereit. Wer eng am Thema bleiben möchte, wählt hier den Télégraphe und den Galibier und reserviert sich die anderen beiden zum Beispiel für die Heimreise. Denn die gesamte RGA sollte man mindestens einmal im Leben in beiden Richtungen erfahren haben.

Ein Hauch deutscher Bürokratie in hochalpinen französischen Landen – was will man mehr?

In langgezogenen Kehren geht es zunächst auf gut ausgebauter Strecke bergan zum Col du Télégraphe. Doch bereits wenige Kilometer hinter dem Örtchen Valloire wechselt die Piste ihr Gesicht, wird schmäler und steiler. Auch für die Tour de France ist der Aufstieg zum Galibier regelmäßig eines der fahrerischen Highlights. 2646 Höhenmeter wollen erkämpft werden, die letzten 150 Höhenmeter können zwar durch einen Scheiteltunnel unterhalb des Passes abgekürzt werden, doch das ist für Biker zumindest bei tadellosem Bergwetter kein Thema. Auch wenn die Passhöhe mit Bikertreff eher das Prädikat »unscheinbar« verdient. Dafür glitzert ganz in der Ferne sogar noch die Schneekappe des Mont Blanc herüber.

An strategisch wertvoller Stelle wurde das Militärlager Briançon im 17. Jahrhundert von Frankreichs berühmtestem Festungsbaumeister Vauban mit einem meterdicken Verteidigungsring gesichert und kontrollierte uneinnehmbar lange Zeit die gesamte Region. Nicht nur diese architektonischen Zeitzeugen machen Europas höchstgelegene

Lohn unserer »Mühe«: Am Ende erwartet uns ewiger Frühling an der prächtigen Cote d'Azur.

Stadt am Rande der Durance-Schlucht auch heutzutage so sehenswert. Die von gut erhaltenen, haushohen Mauern umgebene winzige Altstadt mit ihren kaum lenkerbreiten Gassen ist bequem zu Fuß zu erkunden, zahlreiche Hotels und Gasthöfe bieten Übernachtungsmöglichkeiten.

Der Col d'Izoard ist der nächste Höhepunkt – im wahrsten Sinn des Wortes. Woran Sie seinen Scheitelpunkt erkennen? An einem der größten »Passschilder« der Alpen, einem haushohen steinernen Monument, das hier im August 1934 errichtet wurde. Und auf der Südseite des Passes tauchen Sie umgehend ein in das spektakuläre und in den gesamten Alpen wohl einzigartige Felsenlabyrinth der Casse Déserte, der zerbrochenen Wüste, einer steintrockenen Gipfelregion voller Felsnadeln und Schutthänge. Daran anschließend beginnt der Kehrentanz hinab ins sehenswerte Guillestre, einem typisch französischen Alpenstädtchen, beliebt nicht nur bei Gleitschirm- und Drachenfliegern.

Zeit für einen Abstecher? Dann schwingen Sie vorbei am gewaltigen Trinkwasserspeicher Lac-de-Serre-Ponçon mit seinem herzzerreißend einsam mitten im See dümpelnden Kirchlein einfach hinunter in das quirlige Provinzstädtchen Gap, dessen historische Altstadt viel Sehens- und Erforschenswertes, sogar für einen längeren Aufenthalt, bereithält.

Und erneut stellt Sie hier nun das Roadbook vor die Qual der Wahl, eine wirklich schwere! Denn wenige Kilometer östlich streiten der Col de Maure, Col du Labouret, Col d'Allos, der Col de la Cayolle und Vars sowie der höchste aller französischen Alpenpässe, der sagenumwobene Col de la Bonette um Ihre Gunst. Was tun? Salamitaktik hilft, besuchen Sie die landschaftlich schön gelegenen, fahrerisch aber unspektakulären Col de Maure und Col de Vars auf einem Abstecher und wählen Sie als Hauptroute hier im Herzen des Parc National de Mercantour entweder den Col de Cayolle – penibel auf

der offiziellen RGA – oder den zweithöchsten aller französischen Pässe, den Col de la Bonette. Warum er nicht auf der RGA-Hauptroute liegt, wird wohl ewig ein Rätsel bleiben.

Als »Route Imperiale«, als kaiserliche Straße klassifizierte bereits Napoleon III., der Neffe des berühmten kleinen Franzosen, den Weg von Nizza nach Barcelonnette über den Col de la Bonette. Dementsprechend musste er militärisch gesichert werden, inmitten einer fast schon lebensfeindlichen Mondlandschaft. Die nagelneue Passstraße, übrigens unter Berücksichtigung des Abzweigs »Cime de la Bonette« die höchste Piste Europas, führt als Krönung und Belohnung aller fahrerischen Mühen entgegen dem Uhrzeigersinn 60 Meter unterhalb des Bonette-Gipfels einmal um das Massiv herum. Nahezu senkrecht geht es neben der Gashand in die Tiefe, kein Geländer, keine Leitplanke würde einen Fahrfehler ausbügeln, den freien Fall verhindern.

Eine frische Meeresbrise weht Ihnen bereits entgegen, wenn Sie die Bonette-Alternative Col de la Cayolle erobern. Stünde nicht eine schmucklose Gedenktafel am Wegesrand und würde von der hier verlaufenden Grenze zwischen den Départments Alpes-Maritimes und Alpes-de-Haute-Provence erzählen, man könnte den Cayolle vor lauter Kurvenschwung glatt übersehen. Vor allem, da sich die Passstraße sodann anschickt, in die blühenden Landschaften der

Genuss pur: Der eher unbekannte Col de Turini und die Palmen der Blauen Küste ...

... und nicht zu vergessen – die Wochenmärkte der Provence

Mit BMW's Riesenscooter in den Seealpen unterwegs (oben) – das macht ebenso Laune wie der Blick auf den herrlichen Genfer See (unten).

Côte d'Azur abzutauchen. Lichte Mischwälder wechseln rund um den letzten Höhepunkt, den Col de Turini, bereits mit Palmen, Kakteen und Oleanderbüschen und prägen den Postkartenanblick der »Blauen Küste«. An Nizzas berühmter Promenade des Anglais endet dann diese Reise über die Route des Grandes Alpes, die Ihnen sicherlich in Erinnerung bleiben wird. Denn wenn es am Schönsten ist, soll man ja bekanntlich aufhören …

Übrigens: Falls Sie für den Rückweg ein kurvenreiches und höchst spannendes Stück französischer Geschichte suchen, dann wählen Sie doch die Route Napoléon von Cannes über Grasse, Digne und Gap hinauf nach Grenoble. Diese 340 Kilometer lange »kleine« Traumstraße folgt dem Marsch des eher kleinwüchsigen »Großen Franzosen«, als dieser 1815 sein Exil auf Elba unerlaubt verließ, um in Paris die Macht wieder an sich zu reißen. Sieben Tage und vor allem mondlose Nächte benötigten er und seine bis zu 1000 Getreuen für die Strecke, und mit einem triumphalen Einzug eroberte Napoleon in Paris die Macht zurück. Nun ja, zumindest für 100 Tage.

INFORMATION

Allgemeines: Bereits 1910 hatte der Touring Club de France die Idee, die höchsten Pässe der französischen Seealpen mit einer Panoramastraße zu verbinden, zwei Jahre später wurde mit ihrem Bau begonnen, 1937 war feierliche Eröffnung. Heutzutage führt sie – als Route des Grandes Alpes (RGA) nahezu durchgängig ausgeschildert – über verschiedene Department- und Nationalstraßen von Thonon-les-Bains am Südufer des Genfer Sees gute 700, oftmals anspruchsvolle Kilometer hinunter nach Menton bei Nizza. Über 16 000 Höhenmeter sind auf dieser Strecke insgesamt zu bewältigen, von 16 Pässen liegen immerhin sechs über 2000 Metern.

Reisezeit: Wegen der Wintersperren zahlreicher Pässe ist die RGA in ihrer kompletten Länge nur zwischen Juni und Oktober frei befahrbar. Im August urlauben allerdings auch viele Franzosen in den Seealpen, weshalb Sie diesen Monat eventuell meiden sollten.

Reisedauer und Wegstrecke: Gut 750 km lang ist die Hauptroute, mit allen Abstechern summiert sich das Fahrerlebnis auf weit über 1000 km. Planen Sie dafür mindestens eine Woche ein, zumal es in den Städten entlang der Strecke ebenfalls viel zu entdecken gibt.

Die Route im Detail: Die Hauptroute ist weitgehend ausgeschildert, führt aber nicht immer direkt über die für Biker lohnenden Pässe. Deshalb sollten Sie so oft wie möglich Abstecher einbauen, wie im Text auch geschildert. Von Thonon-les-Bains geht es im Grunde stetig gen Süden, über Morzine, Cluses, Saint-Jean-de-Sixt und Flumet nach Bourg-Saint-Maurice. Über Val d'Isère und den Col de l'Iseran (2770 m, 44 Kehren) sodann weiter Richtung Modane – mit Abstecher zum Col du Mont Cenis (2081 m, 5 Kehren) und seinem Bruder Col du Petit Mont Cenis (2183 m, 2 weitere Kehren). Über Saint-Michel-de-Maurienne, den Col du Télégraphe (1566 m, 18 Kehren) und Galibier (2642 m, 24 Kehren) erreichen wir Briançon, via Col d'Izoard (2360 m, 36 Kehren) und Guillestre sodann Gap und den herrlichen Lac de Serre-Ponçon. Über die Pässe Col de Vars (2111 m, 22 Kehren), Col de la Bonette (2715 bzw. 2802 m, 48 Kehren) und Col du Vasson (auch Valberg genannt, 1664 m, 7 Kehren) geht es in die Provence, vor allem auch hier liegen unendlich viele Pässe rechts und links des Lenkers. Der Col de Turini (1607 m, 60 Kehren) führt uns dann hinab an die Côte d'Azur.

Übernachten: Die Gesamtstrecke lässt sich sehr leicht portionieren, eine Vielzahl an Übernachtungsmöglichkeiten – Camping, Gasthöfe und Hotels – finden sich zum Beispiel in den Basisorten Bourg-Saint-Maurice, Briançon, Gap, Barcelonnette, Digne-les-Bains und auch in der Parfümstadt Grasse. Und entlang der Küste reihen sich Campingplätze und Hotels sozusagen nahtlos aneinander. Hier geht die Auswahl gegen unendlich.

Maut: Französische Autobahnen sind mautpflichtig, kassiert wird an Mautterminals, bezahlt wird pro gefahrenem Kilometer. Die RGA selbst ist in allen Abschnitten mautfrei zu befahren. Bei Anreise via Schweiz ist die Vignettenpflicht auf Schweizer Autobahnen und Schnellstraßen zu beachten.

Karten: Michelin-Straßenkarte Nr. 333, Französische Alpen Nord, 1:150 000, Michelin-Straßenkarte Nr. 334, Französische Alpen Süd, 1:150 000, Michelin-Straßenkarte Nr. 528, Provence – Côte d'Azur, 1:200 000

Beschauliches La Petite-Pierre in den Nordvogesen. Hier haben Motorradfahrer die Straßen fast für sich allein.

Genusstour durch die Vogesen und das Elsass

Gebaut als Militärstraße hat sich die Route des Crêtes zur Touristenattraktion gewandelt. Die Kammstraße durch die Vogesen lässt sich prima mit den Nordvogesen und dem Elsass zu einer mehrtägigen Tour kombinieren.

Fachwerk und Nippes in Kaysersberg: Drunten im Elsass lässt es sich am Abend gut in den Weindörfern aushalten.

Glücklich schätzen dürfen sich diejenigen, die im Südwesten Deutschlands wohnen. Denn sie haben nicht nur den Schwarzwald als Motorradrevier vor der Tür, sondern auf der anderen, der französischen Seite des Rheins auch das Elsass und die Vogesen. Was von den Städten zwischen Karlsruhe und Freiburg als Tagestour gefahren werden kann, kostet Motorradfahrer aus anderen Regionen Deutschlands mindestens ein langes Wochenende.

Aber vielleicht ist genau das ein Vorteil, weil man eben auch in Frankreich übernachtet, in den Weindörfern des Elsass, weil man sich mehr Zeit nimmt für die tollen Motorradstrecken zwischen Straßbourg und Mulhouse, weil man vielleicht auch ins Hinterland fährt über die Hochebenen bis nach Metz. Dann wird aus der schnellen Tagestour ein Motorradkurzurlaub in Frankreich. Und wenn die Badenser abends schon wieder auf dem Sofa zuhause sitzen, genießt man auf der französischen Seite des Rheins einen Flammkuchen mit einem Glas Riesling. Oder zwei. Oder so …

Egal, wo man in eine Tour einsteigt, das Kernstück bleibt die berühmte Vogesenkammstraße Route des Crêtes. Gebaut als Militärstraße während des Ersten Weltkriegs verläuft sie in einer Höhe von 950 bis 1250 Metern und diente der Versorgung der französischen Truppen. Sie verbindet keine Dörfer miteinander, und genau das macht sie für Motorradfahrer so attraktiv: Eine kurvenreiche Bergstraße ohne Ortsdurchfahrten, das ist in Mitteleuropa eher selten.

Wo keine Orte angefahren werden müssen, braucht man auch keinen Schnee zu räumen. Deshalb wird die Wintersperre manchmal erst im Mai aufgehoben, je nachdem, wie lang und streng der Winter war. In der kalten Jahrezeit genießen Skiläufer die gespurten Pisten auf der Kammstraße. Die Route des Crêtes hat nur noch touristische Bedeutung: im Winter für Skifahrer, im Sommer für Radfahrer, Wanderer und Motorradfahrer.

Kurve reiht sich an Kurve, aber es fällt schwer, sich zu entscheiden: Lieber ein konzentrierter, sportlicher Fahrstil oder touristisches Bummeln, um die sich immer wieder eröffnenden Ausblicke zu genießen? Mal schaut man über die Rheinebene, dann wieder auf der Westseite des Kamms weit nach Frankreich hinein. Wer bummelt, läuft Gefahr, dass einem die Einheimischen um die Ohren fahren, die keinen Blick mehr für die Schönheit der Landschaft haben. Deshalb tut man als Kurzurlauber gut daran, unter der Woche zu kommen. Am Wochenende ist hier so viel los, dass immer wieder über eine Streckensperrung nachgedacht wird – so wie gegenüber auf der anderen Rheinseite bei Freiburg am Schauinsland, der seit 1984 am Wochenende für Motorräder gesperrt ist.

Ganze 77 Kilometer ist die Route des Crêtes lang, zwischen dem Pass Col du Bonhomme und Cernay. Ihre nördliche Fortsetzung ist deutlich waldreicher. Am schönsten ist es, wenn man zunächst von Obernai aus Richtung Le Hohwald fährt. Hier verlaufen die Straßen noch im Wald, jede Kurve ist anders – ein durchaus anspruchsvolles Geläuf. Jenseits des Col du Kreuzweg muss man sich entscheiden: Lieber auf kleinsten Landstraßen Richtung Sainte-Marie-aux-Mines oder »oben herum« über Climont und die breit ausgebaute Nationalstraße in Richtung Saint-Dié, um dann über den Col de Sainte-Marie zu fahren. Man muss genau auf die Schilder achten, um den Abzweig in Sainte-Marie-aux-Mine nicht zu verpassen.

Wer bummelt, läuft Gefahr, dass einem die Einheimischen um die Ohren fahren

Ab dem Col du Bonhomme, wo die Route des Crêtes beginnt, führt die Straße langsam aber stetig in die Höhe, bis die Baumgrenze erreicht wird. Frei kann der Blick bei Le Markstein über die Landschaft schweifen. Der wahre Höhepunkt der Tour aber ist der Grand Ballon, wo sich unterhalb des 1424 Meter hohen Gipfels ein Motorradtreffpunkt etabliert hat. Bei klarer Sicht schaut man über das Rheintal bis nach Basel und auf die Höhen des Schwarzwalds. Das Panoramarestaurant mit Terrasse zum Tal ist natürlich beliebt, kann man sich hier doch bei einem Kaffee aufwärmen. Mit Ausnahme der Gaststätten am Col du Bonhomme und in Le Markstein gibt es nämlich nicht viele Einkehrmöglichkeiten.

Sicher ist die Kammstraße allein schon durch die wechselnden Blicke nach Osten und Westen eine Attraktion. Darüber sollte man aber nicht all die Querverbindungen vergessen, die von der Rheinebene über die Vogesen führen. Sie beginnen in den Weinbergen, um sich durch Wälder in die Höhe zu schlängeln. Am bekanntesten ist der Col

Kurven genug für alle gibt es in den Vogesen, wenn man sich nicht ausschließlich auf die 77 Kilometer der Route des Crêtes beschränkt.

Die Kammstraße gibt immer wieder großartige Weitblicke frei, teils über das Rheintal nach Deutschland, teils nach Westen ins französische Hinterland wie hier am Grand Ballon.

de la Schlucht auf der Strecke von Colmar nach Géradmer, aber zu den Favoriten gehören der Col du Platzerwasel zwischen Munster und Le Markstein sowie die Strecke von Turckheim über Orbey zum Col du Bonhomme. Und am Abend wird dann in Kaysersberg oder einem der anderen Weindörfer am Fuße der Berge übernachtet. Dann schlägt die Stunde der elsässischen Küche und der guten Weine.

Wer die Vogesen lieber ohne allzu viele andere Motorradfahrer erleben möchte, steigt von Norden her in die Tour ein. Von Abreschwiler über den Col du Donon nach Schirmeck schraubt sich eine teils schmale Straße durch den Wald in die Höhe, über zwanzig Kilometer kommt kein Dorf, so einsam ist es hier oben. Für mehrtägige Touren sei der Parc Regional des Vosges du Nord empfohlen, zum Beispiel mit dem Dorf La Petite Pierre als Übernachtungsort. Die Landschaft ist nicht so spektakulär wie im Süden auf der Route des Crêtes, dafür ist es hier ruhiger und die Strecken bieten ähnlich viel Fahrspaß. Und wer noch Kultur sucht: Straßburg liegt ja auch gleich nebenan – aber das ist eine andere Geschichte.

INFORMATION

Allgemeines: Die Route des Crêtes öffnet – je nach Verlauf des Winters – oft erst im Mai offiziell. Informationen zur offiziellen Öffnung geben die Automobilclubs. Die Strecke ist ein sehr beliebtes Motorradrevier, vor allem an Wochenenden, die sich mit Brückentagen verlängern lassen, ist mit viel Ausflugsverkehr zu rechnen.

Anreise: Aus Richtung Norden kommend lassen sich die Vogesen mit dem Pfälzerwald kombinieren. Beliebt bei Motorradfahrern ist die B 48 von Hochspeyer in Richtung Annweiler mit dem Treffpunkt Johanniskreuz. Südlich von Pirmasens wird die Grenze nach Frankreich überquert. Über Bitche und Lemberg kann man nach La Petite Pierre fahren, das ein guter Ausgangspunkt für Touren in den nördlichen Vogesen ist. Diese Variante eignet sich sowohl wenn man aus dem Großraum Frankfurt anreist, als auch aus dem Großraum Köln.
Aus Süddeutschland kommend muss zunächst einmal der Rhein überquert werden. Die Autobahnen rund um Straßburg sind stark befahren und oft staugefährdet. Um zum Tourbeginn nach Obernai zu kommen, hat man aber kaum eine andere Wahl. Der Einstieg von Süden über Basel ist verkehrstechnisch nur wenig besser. Relativ gut funktionieren die Übergänge bei Breisach und Mulhouse. Dass man dann in der Mitte der Tour in Frankreich beginnt, ist kein größeres Problem, schließlich gibt es hier genügend schöne Routen, um eine Rundtour zu fahren.

Reisezeit: Mai bis Oktober sind normalerweise gute Reisemonate. In der Vor- und Nachsaison kann es in der Höhe empfindlich kühl werden. Im Hochsommer kann es im Oberrheintal deutlich über 30 Grad heiß werden – auch nicht ideal für eine Motorradtour.

Reisedauer und Wegstrecke: Die Route des Crêtes kann als intensive Tagestour ab und bis Deutschland gefahren werden. Schöner ist es aber, hier zwei bis drei Tage zu verbringen. Das ist eine Geschmacksfrage. Die beschriebene Strecke zwischen Obernai und Cernay ist rund 170 Kilometer lang, lässt sich aber als Rundtour auch in der Länge verdoppeln. Achtung! Keine Tankstellen an der Strecke!

Die Route im Detail: Obernai – Le Hohwald – Col du Kreuzweg – St-Martin – Steige – N 420 – N 59 über Col de Sainte-Marie – Sainte-Marie-aux-Mines – Col du Bonhomme – Col de la Schlucht – Le Markstein – Grand Ballon – Cernay

Übernachten: An der Strecke selbst gibt es wenige Möglichkeiten. Empfehlung für die Nordvogesen: Hotel Aux Trois Roses in La Petite Pierre. Kostenlose Garage für Motorradfahrer, Zimmer mit Balkon zum Tal. Für den südlichen Teil der Tour z. B. Hotel Les Remparts in Kaysersberg. Große Garage, Altstadt zu Fuß erreichbar. Beides sind keine typischen Motorradhotels.

Maut: Autobahnen kosten in Frankreich Maut, aber der Autobahnring um Straßburg ist ebenso kostenfrei wie die Autobahn zwischen Basel (erst ab Schweizer Grenze!), Colmar und Straßburg. Die Autobahn Mulhouse Richtung Belfort ist hingegen kostenpflichtig.

Karten: Michelin-Karte Blatt 314, Vogesen und Michelin-Karte Blatt 315, Elsass, jeweils 1:150 000 – damit finden sich auch die kleinen Nebenstraßen.

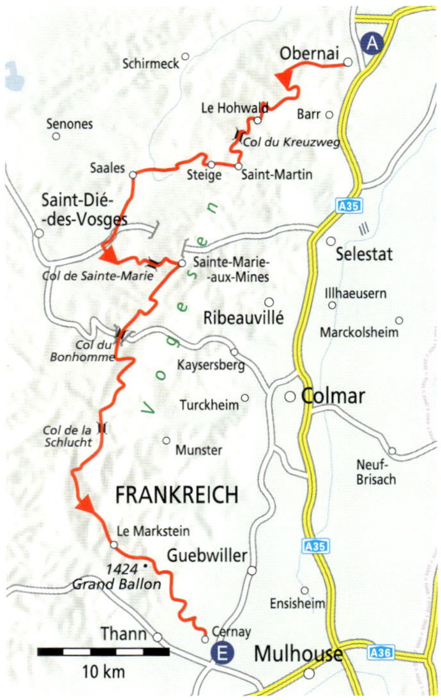

Richtig feine Bergstraßen gibt es bei Grazalema in der Sierra Ubrique.

Spanien
erleben abseits der Badestrände

Wenn man die Bettenburgen an der Küste verlässt, beginnt das Leben für Motorradfahrer: Ob Sierra Nevada oder Sierra Ubrique – die Gebirge in Andalusien bieten auf kleinen Straßen sehr viel Fahrspaß.

Ich tue es nicht wieder! Ich werde nicht wieder in Motorradklamotten in den Flieger steigen, auch wenn mich die Security-Leute am Flughafen angrinsen– »Na, heute noch was vor?« – und die Stewardess betont freundlich noch einen richtig tollen Tag wünscht. Es ist einfach zu warm mit Stiefeln und Hose. Wobei ... die Protektoren am Knie sind bei dem Sitzabstand auch zu gebrauchen. Aber in Malaga wartet am Flughafen schon das Mietmotorrad. Die Gepäckrolle aufschnallen, Kleinkram in die Seitenkoffer und ab geht's. Weniger als 60 Minuten liegen zwischen Landung und dem Drücken des Starters. Eine Woche Kurven zu Ostern, während zuhause noch Schneereste vor der Garage liegen. Da kommt Freude auf.

Laue 20 Grad, nur schnell den Großraum Malaga auf der Schnellstraße umgehen und dann ab in die Berge. Um Granada bis zum Abend zu erreichen, nehmen wir die gut ausgebauten Landstraßen zwischen Zafarraya und Alhama de Granada. Sie haben sogar einen kleinen Pass im Angebot. Nichts Dramatisches, aber schön, um sich nach dem Winter wieder einzufahren.

Granada ist eine tolle Stadt, aber nicht unbedingt mit dem Motorrad. Wir haben uns deshalb ein Hotel ausgeguckt, das nahe der Alhambra liegt und einfach zu finden ist. Bloß nicht mitten durch die Altstadt. Der abendliche Fußweg führt an den maurischen Gemäuern den Berg hinab. In der Altstadt sind die Tapas-Bars voll. Es sind überwiegend Einheimische unterwegs und nur wenige Touristen. Eine leckere Käse-Schinken-Oliven-Platte und ein paar Glas Rotwein später läuft es sich bergauf wie von allein.

In Andalusien muss man sich ständig entscheiden: Will man nur Motorrad fahren oder auch die großartigen Städte erleben? Für Freunde der nicht endenden Kurven ist die Sierra Nevada ein Traum. Dann muss man hinauf in die weißen Dörfer der Alpujarras, das bekannteste ist Trevélez. Das Dorf liegt auf 1476 Metern Höhe und ist berühmt für seinen Schinken – aber zu Ostern sind uns die Höhenlagen noch zu kalt.

Olivenbäume nördlich von Malaga (oben). Das Rathaus von Arcos de la Frontera (unten links). Die Burgruine von Medellin liegt bereits in der Extremadura (unten rechts).

Wir haben für diese Reise die zweite Variante gewählt: Wir wollen auch die Kulturstädte Andalusiens sehen – natürlich verbunden über feine Mopedpisten. Von Granada bis Cordoba ist es nicht sonderlich weit. Wir haben uns eine nette Nebenstrecke durch Olivenhaine ausgesucht, auf der es sich zügig fahren lässt. Schon am frühen Nachmittag erreichen wir Cordoba, sodass Zeit für einen Stadtbummel bleibt. In der Altstadt weckt ein Teehaus unser Interesse, das die arabische Tradition von al-Andalus pflegt. Bunte Mosaike an den Wänden, Türen wie überdimensionale Schlüssellöcher. Und dann dieser Geruch: Es duftet nach Orangen und fremdartigen Gewürzen in diesem überdachten Innenhof.

Draußen vor der Tür schieben sich Menschenmengen durch die ziemlich engen Gassen der Altstadt von Cordoba. Ach ja, die Karwoche, die Semana Santa. Eine Prozession bahnt sich ihren Weg: Ein Holzgestell in Kutschengröße, getragen von etwa 50 jungen Männern, darauf eine massive Marienstatue, umgeben von hohen, brennenden Kerzen. Die Träger können unter dem Holzgestell nichts sehen, weil es mit einem bodenlangen Vorhang abgehängt wurde. Alle zehn Minuten müssen sie abgelöst werden, so schwer ist das Ding. Das Ding heißt Paso und kann bis zu vier Tonnen wiegen. Spannend wird es, wenn die Hermandades den Paso um eine Straßenecke tragen müssen. Sie sehen ja nichts! Sie werden von außen geleitet und ein scheppernder Trauermarsch gibt den Takt vor. Wir sehen nur die Füße, die Träger im Kurveninneren treten fast auf der Stelle, die am äußeren Rand können aber auch keine großen Schritte machen bei dem Gewicht. Und bitte alle schön im Gleichschritt, damit Maria oben nicht seekrank wird.

Als wir die erste Prozession treffen, ist es noch heller Nachmittag. Am Abend, als wir noch einen Blick auf die Mezquita-Kathedrale werfen wollen, geht der Spuk erst richtig los. Weihrauch wabert durch die Gassen, mit großen Kerzen geschmückte Statuen werden in die Kathedrale getragen – und wieder heraus: die nächste Runde durch Cordoba. Das ist kein Touristenspektakel, die ganze Stadt ist auf den Beinen.

Die Landschaft ändert sich, als wir Cordoba nach Norden verlassen: weite fruchtbare Ebenen mit Feldern und Weiden. Wir verlassen Andalusien für einen kurzen Abstecher in die Provinz Extremadura. Kein Verkehr, erstklassiger Asphalt und jedes Dorf mit einer Umgehungsstraße. Ein blaues Schild mit goldenen Sternen klärt auf, dass wir die perfekten Straßen der EU zu verdanken haben. Diese fruchtbare Region muss früher mal

Oberhalb des Stausees führt die Straße auf den Pass Puerto de las Palomas. 900 Höhenmeter windet sie sich gen Himmel.

entweder reich oder strategisch bedeutend gewesen sein. Ständig sehen wir Burgen oder das, was von ihnen übrig geblieben ist. Bei Belalcázar eine große Ruine auf einem Hügel. Imposant auch die Burg bei Medellin, die einst einen Flussübergang bewachte. Merida, unser Tagesziel, ist eine Kleinstadt, deren Geschichte bis weit in die Römerzeit zurück reicht. Ein großes Areal mit Ausgrabungen im Zentrum fällt sofort ins Auge. Wahrscheinlich wird die örtliche Prozession deshalb von Wachleuten begleitet, die als römische Soldaten verkleidet sind.

Mal ein frühes Frühstück und morgendlicher Start, noch ist die Luft kühl. Wir wählen eine einsame Route durch die Berge nach Sevilla. Das ist zwar ein Umweg, fährt sich aber schön. Das Beste kommt jedoch zum Schluss: Auf der Fahrt von Sevilla nach Arcos de la Frontera fahren wir quer durch die Sierra Ubrique. Sie ist viel weniger bekannt als die Sierra Nevada bei Granada, erwartet uns aber mit wunderbaren Motorradstraßen. Der Pass Puerto de las Palomas zwischen Zahara und Grazalema bietet nicht nur rund 900 Meter Höhenunterschied mitsamt der dazugehörigen Kurven, sondern auf der Passhöhe auch einen sehr schönen Ausblick über die bergige Landschaft. Der benachbarte Puerto del Boyar ist von der Aussicht her nicht ganz so spektakulär, aber zum Fahren ähnlich schön. Auf den kleinen Landstraßen Richtung Ubrique ist wenig los, in tieferen Lagen führen sie an zahlreichen Korkeichen vorbei.

Letztes Mal wollte mich mein Navi eine Treppe hinaufschicken

Arcos de la Frontera liegt auf einem schrägen Felsplateau. Steil fällt eine Seite des Ortes zum Fluss ab. Man muss von der richtigen Seite nach Arcos hinein fahren, sonst hat man ein Problem. Letztes Mal wollte mich mein Navi eine Treppe hinaufschicken. Je höher man kommt, umso enger werden die Gassen. Mancher Abzweig ist so eng, dass Touristen mit großen Autos ein Problem haben, ihr Vehikel um die Ecke zu bringen. Ganz oben am Marktplatz liegt

In der Karwoche ziehen die Prozessionen durch die Städte wie hier in Cordoba.

Die Sierra Ubrique ist wenig bekannt, bietet aber wunderbare Motorradstraßen.

Arcos de la Frontera liegt auf einem hohen Felsplateau, früher strategisch wichtig, heute einfach nur schön.

nämlich der örtliche Parador, direkt am bröckelnden Abgrund. Wir erkunden die Gassen lieber zu Fuß. Ich kenne eine kleine, dunkle Tapas-Bar mitten in Arcos. Ja, die Wirtin steht immer noch vor der Tür mit dem Grill – mitten in der Gasse. Sie grillt die scharfen kleinen Würstchen, während ihr Mann drinnen die örtlichen Weine empfiehlt. Sehr lecker! Allein dafür lohnt sich schon die gesamte Reise.

Am letzten Tag gönnen wir uns noch eine zweite Runde durch die Sierra Ubrique und verzichten dafür auf den Stopp in Ronda, das inzwischen fest in der Hand von Touristen aus aller Welt ist. Wir bevorzugen kleine Strecken durch das Hinterland zurück nach Malaga, wo wir leider die Mietmotorräder wieder abgeben müssen.

INFORMATION

Allgemeines: Andalusien ist die südlichste autonome Gemeinschaft Spaniens, zumindest auf dem Festland. Die Region ist zwar von der Fläche her größer als Bayern, hat aber nur etwas mehr als acht Millionen Einwohner. Von 711 bis 1492 herrschten die Mauren in Andalusien, die Region stand also über mehr als 700 Jahre unter islamischem Einfluss, was heute noch an vielen Prachtbauten zu erkennen ist. Das vielleicht schönste Beispiel ist die Burganlage der Alhambra in Granada.

Anreise: Mit dem eigenen Motorrad bis nach Andalusien ist es schon sehr weit. Vom Dreiländereck bei Basel bis Almeria im Norden Andalusiens sind es rund 1850 Kilometer. Da empfiehlt es sich, ein Motorrad zu mieten oder eine organisierte Reise über einen Motorradreiseveranstalter zu buchen. Der Flughafen mit der besten Anbindung ist Malaga. Eine ziemlich teure Alternative ist der Autozug nach Narbonne in Südfrankreich. Von Narbonne bis Almeria sind es noch über 1000 Kilometer, für die man auf mautpflichtigen Autobahnen zwei bis drei Tage einplanen muss.

Reisezeit: Die Temperaturen an der Küste erlauben es, nahezu ganzjährig Motorrad zu fahren. Anders sieht es in den Bergen aus. Immerhin ist der höchste Berg der Sierra Nevada, der Mulhacén, 3482 Meter hoch. Dort gibt es ein Wintersportgebiet. Und der höchste Pass der Sierra Nevada liegt bei 2000 Metern. In diesen Höhenlagen muss man in den Monaten November bis März möglicherweise Abstriche machen. Die beste Reisezeit ist das Frühjahr von März bis Mai sowie der Spätsommer von September (kann noch sehr heiß sein) bis November. Die Regenwahrscheinlichkeit nimmt im Winterhalbjahr etwas zu, aber lange Schlechtwetterphasen sind eher selten. Von den Hochsommermonaten Juli und August wird abgeraten, es ist zu heiß zum Motorradfahren.

Reisedauer und Wegstrecke: Ideal für die hier beschriebene Rundreise sind 7 bis 10 Tage. Empfehlenswert sind ein bis zwei Ruhetage für Besichtigungen. Gesamtstrecke ca. 1500 km. Übrigens kann man von Badajoz auch gut einen Schlenker hinüber nach Portugal machen, sodass sich die Tour auf zwei Wochen verlängern lässt.

Die Route im Detail: Malaga – Casabermeja – Zafaraya – Alhama de Granada – Granada – Pino Puente – Priego de Cordoba – Cordoba – Espiel – El Viso – Hinojosa del Duque – Quintana de la Serena – Don Benito – Medellin – Mérida – Badajoz – Barcarrota – N-435 bis zur E 1 – Sevilla – Morón de la Frontera – Zahara – Grazalema – Arcos de la Frontera – Ubrique – Ronda – El Burgo – Alozaina – Malaga

Übernachten: In den Städten sollte man möglichst zentral gelegene Hotels nehmen, damit man einen kurzen Weg in die jeweiligen Altstädte hat. Die Campingplätze an der Küste sind überwiegend Wohnwagenkolonien, die keinen Spaß machen. Zur Osterwoche sollte man unbedingt vorab buchen, sonst kann es sehr schwierig werden, ein Zimmer zu bekommen. Die Preise sind moderat, vor allem außerhalb der Sommersaison. Viele Stadthotels haben Garagen oder eigene Stellplätze. Sie sind auch für Motorräder kostenpflichtig, man muss mit Preisen von ca. 8 Euro pro Nacht rechnen.

Maut: Die Autobahnen sind überwiegend mautpflichtig. Es gibt aber auch Schnellstraßen, wie den Ring um Malaga, die kostenfrei sind. Mautpflichtige Strecken sind gekennzeichnet.

Karten: Marco Polo, Andalusien, 1:300 000, Reise Know-How Verlag, Andalusien, 1:350 000, Michelin-Regionalkarte, Blatt 578, Andalusien, 1:400 000

Mallos de Riglos, roter Fels und schwarzer Asphalt: Spaniens berühmtes Klettergebiet ist ebenso ein erstklassiges Kurvenrevier nahe der Aragonischen Pyrenäen.

Für Gourmets – Pässetour durch die Pyrenäen

Etymologisch bedeutet Pyrenäen so viel wie Feuer. Andere vermuten einen Zusammenhang mit der Prinzessin Pyrène, die von Herkules verführt wurde. Unsere Tour (ver)führt quer durch die Feuerberge und zeigt alle Highlights.

Was wir auf keinen Fall wollten, war die Sehenswürdigkeiten der Midi-Pyrénées abzufahren: die steinzeitlichen Höhlen von Niaux, den Cirque de Gavarnie, Lourdes und Pässe wie Tourmalet und Aubisque. Dennoch haben wir es getan – und nicht bereut.

Die Wettervorhersage verspricht nicht nur Gutes, und auch am Terminal des Autozuges von Narbonne warnt uns schon der Verlademeister von heftigen Gewittern. Unsere Gruppe ist aus drei Nationen zusammengewürfelt – wir sind übrigens alle, außer Uli, auf knackigen Zweizylindern unterwegs. Uli gönnt sich mit der Triumph Speed Triple einen Zylinder mehr. Meine Moto Guzzi Norge ist neben der 1200er RT von Dani die dickste im Reigen – für den Soziusbetrieb auf den teils engen Pyrenäenstraßen eine gute Wahl.

Das Kulinarische wird auf dieser Reise großgeschrieben, und so geben sich unsere Guides sehr viel Mühe, uns neben einem ausufernden touristischen Programm die Highlights aus den Küchen der Region nahezubringen. Die zu dieser Jahreszeit stark von Touristen belagerte Cité von Carcassone, das Vorbild aller Kinderburgen, lassen wir zur Hauptsaison wohlweislich links liegen. Vom Canal du Midi aus gibt es eine Reihe von Möglichkeiten, den Pyrenäen etwas näherzukommen. Eine wäre, das Weinland des Languedoc zu durchstreifen und dabei die Abteien von Fontfroide und Lagrasse, die katharischen Fluchtburgen Queribus und Peyrepertuse oder gar die enge Galamusschlucht zu besuchen. Nichts davon kommt für uns in Frage, dicke Wolken machen uns einen Strich durch die Rechnung, und so

Port de la Bonaigua (E): Ginsterwälder, neuer Asphalt und blauer Himmel in über 2000 m Höhe

Zweitaktgarage: Viele Biker nutzen den Autozug-Terminal Narbonne für eine easy Anreise mit wenig Gepäck.

nehmen wir Kurs auf Mirepoix, mit einem von wunderschönen Fachwerkhäusern umgebenen Marktplatz. Unsere nächste Station ist die bekannte Fluchtburg von Montségur.

Weil die Pyrenäenberge die Wolken heute nicht loslassen, nehmen wir von Montferrier das Sträßchen über den Col de la Lauze, um zu den Höhlen von Niaux bei Tarascon sur Ariège zu gelangen.

Am nächsten Morgen gibt es für uns eine exklusive Führungen durch das stark reglementierte Höhlensystem: Nur eine festgelegte Besucherzahl darf pro Jahr die Malereien der Magdalenier sehen, deren Alter auf etwa 13 000 Jahre geschätzt wird. Niaux ist mittlerweile die einzige Bilderhöhle im Mittelmeerraum, die Besuchern noch zugänglich ist. Ein 800 Meter langer Abschnitt des über drei Kilometer langen Höhlensystems ist ausschließlich geführten Gruppen zugänglich. Nach einem kleinen Fußmarsch mit Grubenlampen empfangen uns im *Salon Noir* verblüffend lebendige Zeichnungen von Büffeln, Pferden und Steinböcken. Andere Höhlenräume zeigen geometrische Muster, die noch nicht entschlüsselt wurden.

Das Vicdessos-Tal verlassen wir westwärts und folgen einer anderen touristischen Route, die mehr den Motorradfahrern auf den Leib geschnitten ist: Auf der Route des Cols sind der Col de Lers und Col d'Agnes zwei Passstraßen, die mehr Pyrenäen-Feeling aufkommen lassen. Die Eiligen von uns nehmen den schnellen Weg durch die Gorges de Ribaouto, auf deren rechter Seite man einspurig durch alte Eisenbahntunnel fahren kann. Die anderen machen noch einen (lohnenswerten!) Umweg über den Col de la Core und das Tal von Bethmale, aus dem der berühmteste Käse der Ariège und seltsam spitz geformte Holzschuhe kommen. Der Col de la Core ist stark von Rennradlern frequentiert und offenbart auch im frühen Sommer noch einen Blick auf eingeschneite Pyrenäengipfel.

Mit einem genüsslichen Rundgang über den Markt von Saint Girons beginnen wir das Wochenende und decken uns dort mit ein paar handgemachten Köstlichkeiten ein. Die Mopeds parken schon am Straßencafé, und dann hält uns nichts mehr von dem großen Tourenkino ab. »Kurven satt« am Col de Portet-d'Aspet und Col d'Ares, ein Abstecher zur Kathedrale von St. Bertrand de Comminges und über einen kleinen Pass hinunter nach Bagnères-de-Luchon. Unsere Extratour mit der Norge in das katalanisch-okzitanische Val d'Aran kommt mich leider teuer zu stehen. Bei einem kleinen Fotostopp

Die Moto Guzzi Norge schraubt sich Kehre für Kehre in das Vall d'Aran hinüber, die westlichste Enklave Okzitaniens.

am abgelegenen Port de la Bonaigua sammeln dreiste Diebe einfach Helm, Handschuhe und Objektiv vom Straßenrand ein, obwohl ich nur 20 Meter unterhalb am Abhang fotografiere ... Das Gespräch mit der Guardia Civil verläuft erwartungsgemäß ergebnislos. Es stellt sich auch heraus, dass es im Katalanischen kein Wort für »Fundbüro« gibt – wofür auch? Solidarität ist allerdings, wenn Dani aus Luxemburg mir in Luchon in der Bar nebenan innerhalb von 20 Minuten vom örtlichen Malermeister einen passenden Leihhelm organisiert – merci beaucoup!

Typische Pyrenäenpässe pflastern nun unseren Weg nach Westen: der Col de Peyresourde, mit seiner quietschgrünen Wiesenlandschaft, der ginsterbestandene Col d'Aspin und der parallel verlaufende Hourquette d'Ancizan, der eine Sommerweide durchquert, auf der sich alles tummelt, was vier Beine hat.

Unsere Guides wollen mit uns den *Pic du Midi* besteigen. Berge dieses Namens gibt es in den Pyrenäen mehrere. Die Besteigung findet mit der Seilbahn vom Skiort La Mongie aus statt, und unser Pic du Midi trägt den Beinamen »de Bigorre«. Auf seinem Gipfel steht ein bedeutendes Observatorium mit einem 60-Zentimeter-Spiegelteleskop. Besonders interessant ist eine ständige Ausstellung zur Sternen- und Sonnenbeobachtung. Die Seilbahnfahrt wird zu einem willkommenen Nervenkitzel: eine schaukelnde Gondel, gähnende Abgründe und plötzlich aus dem Nichts auftauchende Pfeiler.

Der Tourmalet ist von La Mongie nur einen Katzensprung entfernt und wir kommen einer offiziellen Saisoneröffnung ungefähr einen Tag zuvor: Am ersten schneefreien Sonntag im Juni bringt eine feierliche Prozession von Radfahrern das Radfahrerdenkmal der Tour de France oben auf dem engen Passübergang in Stellung und holt es, wenn die Saison im November zu Ende geht, wieder herunter.

Bei Bethmale (Ariège): Vom Col de la Core schweift der Blick auf das oft schneebedeckte Dach der Pyrenäen (links). Katalanisches Kastell am Wegesrand (rechts)

Draußen sitzen im Mai ist mancherorts noch frisch (links). In La-Port-Nouvelle bläst der Mistral ablandig, Autos und Motorräder parken am Sandstrand – Seitenständer nicht nötig (rechts).

Nach dem obligatorischen Gipfelaufenthalt mit einem Tässchen Café au lait stürzen wir uns die wesentlich steilere und schattige Westrampe nach Luz-Saint-Sauveur hinunter. Während im Tal die Temperaturen auf einem sommerlichen Niveau liegen, tasten wir uns an Raureif und vereisten Wiesen vorbei, vorsichtig durch die schattigen Abschnitte der Westrampe ins Tal.

Auch die Megaaussicht auf den Cirque de Gavarnie lassen wir nicht aus, wobei sich der Ort selber als Touristenfalle entpuppt: Bessere Blicke auf den von der UNESCO geschützten Felsenkessel zwischen Frankreich und Spanien hat man von einem »Belvedere« oberhalb von Gèdre. Ein weiterer vergletscherter Felsenkessel ist ganz in der Nähe und zum Motorradfahren für uns viel interessanter: In den Cirque de Troumouse schlängelt sich eine bezaubernde Mautstraße.

Westwärts – und so oft wie möglich die Grenze queren!

Unser Aufenthalt in Lourdes war eigentlich gar nicht geplant. Aus unerfindlichen Gründen wollen aber nun doch alle aus unserer Gruppe unbedingt dorthin. Den Rummel muss man einfach einmal gesehen haben! Schließlich ist Lourdes nach dem Vatikan die zweitgrößte Pilgerstätte Europas – und so sieht es dort auch aus: Hunderte von Hotels, Busparkplätze und mindestens genauso viele Souvenirläden. Sogar der TGV fährt beinahe bis vor die Lourdes-Grotte, die den Einheimischen unter dem Namen »la Grotte« bekannt ist. Ein Strom von Pilgern zieht durch die Straßen, es gibt sogar Extraspuren für Rollstuhlfahrer. Alle haben nur ein Ziel: Die Grotte der Bernadette zu besuchen, mit den Händen an deren glatt gewetzten Felswänden entlangzustreichen und sich mit dem geweihten Quellwasser zu benetzen. Uli, der inmitten dieses Treibens die Motoräder bewacht, wird von einem der hier zahlreich vertretenen Italiener auf meine Guzzi – *la bella macchina* – angesprochen und ordentlich zugetextet. Das italienische Kennzeichen ist der Schlüssel zur Kommunikation. Dabei versteht Uli doch kein Wort Italienisch …

Das französische Finale der sorgfältig ausgearbeiteten Tour durch die französischen Pyrenäen bestreiten wir von Lourdes aus auf der Strecke vom Col de Soulor zum Col d'Aubisque. Ein Highlight, das schon in den atlantischen Pyrenäen gelegen ist. Die reizvolle Corniche zwischen den beiden Pässen führt durch die Felswände des Cirque du Litor. Wir poltern durch dunkle Natursteintunnel mit Schlaglöchern, weshalb die Strecke bei schlechter Wetterlage mittels

Zwei Abstecher auf Leihenduros im Isabenatal (Aragon): links am majestätischen Monte Turbón, rechts die Panoramarunde mit anspruchsvoller Steigung

Die Froschperspektive macht die Dimensionen der Mallos de Riglos erst deutlich: Hinterm Dorf geht es 300 Meter senkrecht bergauf.

Schranke einfach gesperrt wird. Tour-Graffitis pflastern die Passhöhe des Col d'Aubisques, die ein weites Panorama auf die allmählich zum Atlantik abfallenden Pyrenäen freigibt. Bei sinkenden Temperaturen zieht es uns mehr in das Gipfelrefugium, in dem ein Ofen eine angenehm warme Atmosphäre verbreitet. Wie zum Abschied kreisen die für die Pyrenäen typischen Gänsegeier über uns. Nach der Abfahrt setzen wir Kurs auf den alten Jakobspilger-Übergang – den Puerto de Somport (alternativ könnte man auch die Passstraße über den Portalet-Pass nehmen). Der alte Puerto de Somport ist einer der wichtigen Pyrenäenübergänge, was leider auch der immer stärker aufkommende Schwerlastverkehr zeigt. In den 1920er-Jahren baute man an der Grenze zu Frankreich die Estaciòn de Canfranc. Gleichzeitig bohrte man den Somport-Basistunnel. Der Tunnel wurde tatsächlich fertiggestellt, das Bahnhofsgebäude hingegen nicht.

Als wir am unwirklich großen Hauptgebäude der Estaciòn de Canfranc vorbeikommen, wirkt der Bahnhof auch heute verwaist. Tatsächlich sind aber Teile des Bahnhofes in Betrieb (Strecke Pau-Canfranc-Saragossa).

Immer wärmer wird es jetzt, je näher man Jaca kommt. In den Bergen um das Kloster San Juan de la Peña weht wieder ein angenehmes Lüftchen. Die Mallos de Riglos liegen schon im Pyrenäenvorland bei Huesca und sind wegen ihrer markanten Form und Farbe bei Kletterern sehr bekannt. Eine 500 Meter hohe rot schillernde Westwand ist schließlich nicht zu übersehen und die Atmosphäre dort ist unübertroffen.

Die Rückfahrt? Lässt sich vom Campingplatz Isabena in Aragon in einem Tag bewältigen. Zumindest bis zum Autozugterminal in Narbonne. Fantastische Strecken durch die spanische Seite der Hochpyrenäen bieten sich an. Man hat die Qual der Wahl zwischen Andorra oder dem völlig andersartigen Katalonien, wie es zum Beispiel die aus der katalanischen Ebene aufsteigenden heiligen Berge des Montserrats zeigen. Á bientôt in den Pyrenäen!

INFORMATION

Allgemeines: In der Region Midi-Pyrenäen (45348 km²) liegt der Großteil der beschriebenen Route. Eingesäumt von Aquitanien im Westen, dem Languedoc-Roussillon im Osten und Andorra halten die Midi-Pyrénées die Höhenrekorde der französischen Pyrenäen-Pässe. Als alternative Reiseroute empfehlen sich verschiedene Varianten der Route des Cols. Probieren sie den Sprung über die Grenze nach Katalonien, Aragon oder ins Baskenland so oft es geht, um die abwechslungsreiche Bandbreite der Pyrenäen vollständig auszukosten. Die Klassiker der Tour de France, wie der Col de Tourmalet, liegen ebenfalls in den Midi-Pyrénées – hier ist man erstmalig näher am Atlantik als am Mittelmeer.

Anreise und Reisezeit: Am beliebtesten ist die Anfahrt per Autozug der DB von Düsseldorf, Hamburg, Neu-Isenburg oder Berlin aus. Ab Düsseldorf kostet eine Passage im Autozug Spezial im günstigsten Fall 149 € (Sozius 60 €). Zur Hochsaison (Juli) werden auch mal über 300 € (oder 720 € für ein ganzes Schlafwagenabteil) fällig. Der Zug fährt in der Zeit von April bis Ende Oktober ungefähr einmal die Woche.

Reisedauer und Wegstrecke: Eine Woche oder mindestens ein verlängertes Wochenende sollte man schon einplanen für eine ausgedehnte Pyrenäen-Pässe-Tour. Zwischen Juli und September sollten alle der zahlreichen Pässe geöffnet sein. Von Narbonne aus kommen Oneway zwischen 600 und 700 Kilometer zusammen.

Die Route im Detail: Narbonne, (Carcassonne), Mirepoix, Monsegur, Tarascon sur Ariège, (Grotte de Mas-d'Azil), Grotte de Niaux, Parc de la Préhistoire, Col d'Agnes, Saint Girons/Saint Lizier, Col des Ares, Babazan, Saint Bertrand de Commiges, (Val d'Aran, Port de la Bonaigua/Port de Balès), Luchon, (Hospice de France, Superbagnéres), Vallées du Lys, Col de Peyresourde, Arreau, Hourquette d'Ancizan/Col d'Aspin, La Mongie, Pic du Midi Bigorre, Col du Tourmalet, Luz-Saint-Sauveur,

Gavarnie, Argelès-Gazost, Lourdes, Col de Soulor, Col d'Aubisque, Puerto de Somport, Canfranc, Los Riglos (ca. 650 km).

Sehenswürdigkeiten: Grotte de Niaux: Höhlenmalerei aus der Steinzeit (Anmeldung erforderlich: www.ariege.com/niaux, fotografieren ist nicht erlaubt). In der Nähe (Tarascon-sur-Ariège) befindet sich der Parc de la Préhistoire.
Cirque de Gavarnie: Der Felsenkessel von Gavarnie reckt sich über drei Felsstufen bis in 3352 Meter Höhe und ist Teil des UNESCO-Welterbes. In der Nähe: der weniger besuchte Cirque de Troumouse
Pic du Midi de Bigorre: Der Pic du Midi de Bigorre in den Haute-Pyrénées ist vom Col du Tourmalet aus per Seilbahn zu erreichen und trägt auf seiner Spitze das erwähnte Observatorium, dessen Besuch lohnt.
»La Grotte« von Lourdes: Lourdes verzeichnet ständig steigende Besucherzahlen, auch für viele Jakobspilger liegt der Wallfahrtsort auf dem Wege.

Übernachten: TF Partnerhotel Le Panoramic avenue Carnot 6, F-31110 Bagnères-de-Luchon, Tel. 0033/(0)5-61 79 30 90, Fax 0033/(0)5-61 79 32 84
Les Cimes am Col de Peyresurde, Estarvielle, Hautes-Pyrénées (Midi-Pyrénées, Frankreich) Tel. 0033/(0)5-62 99 67 21 (nette Wirtsleute, (engl./franz.), gute Küche mit asiatischem Einschlag)
Villa du Parc (für die Anreise)
Mireike und Oliver Zehner, Villa du Parc, 49, Route de Ria, F-66500 Prades, www.bikers-paradise.de
Camping Isabena
Deutschsprachiger Campingplatz mit Hütten, Bungalows und Motorradverleih, E-22482 La Puebla de Roda, Tel./Fax 0034/(0)974-54 45 30, info@isabena.eu , www.isabena.eu

Karten: Michelin-Straßenkarten, Nr. 145 Hochpyrenäen, Nr. 146 Östliche Pyrenäen – Andorra, Nr. 147 Costa Brava – Barcelona und Umgebung

Spritziges Vergnügen:
Bachquerung am Alqueva-Stausee

Winterflucht nach Portugal

Portugal ist vor allem durch seine herrlichen Strände bekannt. Motorradfahrer finden auf einer Fahrt durch das Land jedoch auch wenig befahrene Straßen, verträumte Dünen und kleine Dörfer mit verwinkelten Gassen.

Dicht an dicht taumeln die Schneeflocken vom Himmel, bilden einen weißen Teppich auf dem Asphalt. An Motorradfahren ist an diesen Spätwintertagen nicht zu denken. Es sei denn ... man landet kurz darauf im Frühling. »Willkommen in Lissabon«, schallt es aus den Lautsprechern des Flugzeugs. Und das heißt auch: Willkommen in der Sonne!

Das Motorrad bleibt an diesem Nachmittag erst noch in der Garage des Motorradverleihs. Lissabon ist gewiss keine Stadt, die im Sattel erkundet werden will. Am nächsten Morgen aber funkeln ein paar nagelneue BMW im Neonlicht des Auto- und in diesem Fall auch Motorradverleihs. Nachdem das Gepäck in den Koffern verstaut ist, geht es in Richtung Sintra. Der historische Ort mit seinen alten Gebäuden ist gleich zu Beginn der Tour ein Höhepunkt, für den man viel mehr Zeit bräuchte. Aber wir sind ja vor allem zum Motorradfahren in Portugal.

»Serra de Sintra« heißt die Hügelkette, die das hübsche Städtchen vom Meer trennt. Sie ist Teil eines Naturparks – und das vollkommen zu Recht, wie schon auf den ersten Metern der kleinen Straße zu merken ist. Ein enges Asphaltband windet sich zwischen Mauern den Berg hinauf, eine enge Serpentine folgt der nächsten. Fantastisch! Dicht an dicht stehen die Bäume, man hat das Gefühl, mitten durch einen Urwald zu fahren. Fehlen nur die Schlangen, die im Geäst hängen. Vielleicht tun sie das auch, aber es bleibt keine Zeit, darauf zu achten, denn schon kommt die nächste Kurve.

An einer Quelle macht unsere kleine Gruppe einen Stopp. Nichts ist hier zu sehen von einem trockenen, schroffen Land. Lieblich grün ist es. Nur wenige Kilometer trennen an dieser Stelle die Berge von der Küste. Ein Granitausläufer der Serra de Sintra bildet hier mit der Cavo da Roca den westlichsten Punkt des europäischen Festlands. Hoch erhebt sich ein Leuchtturm über die Klippen.

In krassem Kontrast zur Ruhe in den Bergen präsentiert sich Cascais. Der ehemalige kleine Fischerort an der Costa da Sol quillt

Im Frühjahr ist Portugal noch ein grünes Land, so wie hier bei Arraiolos.

Serpentinen in der Serra de Sintra bei Lissabon (links) und der Leuchtturm an der Cavo da Roca (rechts)

an diesem Samstagmittag über. Der Verkehr quält sich auf der vierspurigen Straße entlang. »Die Lissabonner nutzen ihre Freizeit gerne für einen Ausflug in den Nachbarort«, sagt Rui, der sich als Hauptstädter mit den Gepflogenheiten seiner Landsleute auskennt. So kämpfen wir uns durch die Autoschlange, mitteleuropäische Vorsicht weicht südeuropäischer Unbekümmertheit. Erst auf der gigantischen Tejo-Brücke, die Lissabon mit der südlich gelegenen Costa Azul verbindet, atme ich durch. Jetzt kommt wieder Fahrspaß auf! Über eine kleine Straße hoppeln wir in Richtung Küste. Hoppeln ist in diesem Fall wortwörtlich gemeint: Die Wurzeln der Kiefern habe die Straße an einigen Stellen emporgehoben. Doch nach dem ersten überraschenden Hüpfer hat man sich darauf eingestellt, nimmt die Unebenheiten – so sie nicht vom Fahrwerk der Motorräder ausgeglichen werden – stehend im Sattel. Die Costa Azul ist ein einsamer Küstenstreifen. Die schönen Strände sind im Sommer Ziel der Sonnenhungrigen. Jetzt, im Frühjahr, ist es für die meisten zu kalt. Dafür sind die Wiesen oberhalb der senkrecht ins Meer abfallenden Felsen noch grün, blühen bunte Blumen. Ein fantastischer Anblick, als wir auf einer Schotterpiste fahrend eine lange Staubfahne hinter uns lassen!

> Ein enges Asphaltband windet sich zwischen Mauern den Berg hinauf, eine enge Serpentine folgt der nächsten

Wir stoppen an der verlassen daliegenden Wallfahrtskirche Nossa Senhora do Cabo, schlendern im Schatten der weiß getünchten Bogengänge, blicken hinab in das tief unter uns an die Felsen klatschende tiefblaue Meer. Fahren über die Schotterstrecke zum in unmittelbarer Nachbarschaft liegenden Leuchtturm am Cabo Espichel, bevor es auf der Küstenstraße an den steilen Hängen der Serra da Arrábida nach Osten geht. Eine Traumstrecke! Links und rechts die Macchiasträucher, enge Kurven und gerade Strecken, die einen Blick auf die weit unten schäumenden Meereswellen erlauben. Ich öffne das Helmvisier, lasse die Gerüche tausender Blumen und Sträucher ins Gesicht wehen, atme tief ein – so duftet der Süden!

Kurz darauf schiffen wir in Setúbal auf einer knallgrünen Fähre ein. Sie bringt uns über den Rio Sado, der sich kurz vor seiner Mündung ins Meer zu einem gewaltigen See aufgeplustert hat. Binnen weniger Minuten sind wir auf der anderen Seite, der Costa da Galé. Eine viele Kilometer lange Landzunge trennt an dieser Stelle Fluss und Meer. Auf nahezu schnurgerader Landschaft cruisen wir durch die Dünenlandschaft mit ihren

Natur pur: Die Fahrt durch ein Blumenmeer im Alentejo an der spanischen Grenze

Wäldern. Stichstraßen führen zum Strand, wir fläzen uns in die Sonne, schauen den Wellen zu, tippen mit den Zehen in das zugegeben noch frische Wasser, trinken in einer Strandbar einen Kaffee, gehen wieder zurück auf Nordkurs.

Gerade rechtzeitig zum Sonnenuntergang erreichen wir Moitinha. Dem kleinen Ort ist ein Gewirr aus kleinen Inseln und Landzungen vorgelagert. Ein idealer Platz für den Hafen, in dem die Boote geschützt vor Stürmen an langen Holzstegen festgemacht sind. Bisweilen windschiefe Hütten beherbergen die Gerätschaften der Fischer, Netze hängen zum Trocknen aus. Es fällt schwer, sich von diesem romantischen Platz loszureißen. Bis zum Hotel ist es jedoch noch ein ganzes Stück, so dass uns Tourguide Ricardo ein wenig zur Eile anmahnt. »Ihr wollt doch nicht, dass die Küche zumacht.« Dieses überzeugende Argument bringt uns schnell in den Sattel.

Im Licht der Schweinwerfer erobern wir die Burg von Alcácer do Sal. Früher Residenz adeliger Herren, ist das Gemäuer auf einem Hügel heute ein Hotel mit modernen Zimmern, einer behaglichen Atmosphäre und einer fantastischen Aussicht auf das Tal des Rio Sado. Nach einer Dusche speisen wir im fantastischen Ambiente des Adelssitzes, lassen uns den Rotwein aus der Gegend schmecken. Und der passt wunderbar zu der deftigen Fleischspeise auf unseren Tellern.

Am nächsten Morgen wecken mich die ersten Sonnenstrahlen und ein lautes Klappern. Ein Storchenpaar hat direkt gegenüber meinem Fenster sein Nest auf einem Kirchturm eingerichtet. Ich schlendere durch die Straßen des Ortes, schaue den riesigen Vögeln zu, die dem hungrigen Nachwuchs das Futter bringen. Nach dem Frühstückskaffee sitzen wir schnell wieder im Sattel der Motorräder. »Heute führt uns die Route mitten durch Portugal bis zur spanischen Grenze«, gibt Ricardo die Richtung vor. Am Flussufer blicken wir noch einmal zurück auf die weißen Häuser der historischen Stadt, dann folgen wir der einsamen Landstraße durch eine wunderbar grüne Landschaft, die noch nicht von der sengenden Sommersonne ausgeblichen ist. In Baronia wird eine Bahnlinie mit einem hübschen kleinen, mit Jugendstilelementen verzierten Bahnhof passiert, dann rollen wir durch das Hügelland der Serra de Mendor und erreichen den Stausee von Alqueva.

Wir haben unsere helle Freude an dem unbefestigten Feldweg, der am westlichen Ende des Sees durch eine unglaubliche Blumenpracht führt. Die gelben, lilafarbenen und weißen Blüten duften und wiegen sich in der leichten Brise, die über die Hügel streicht. Pferde blicken uns neugierig nach, dann folgt eine Bachdurchquerung. Hoch spritzt das Wasser auf, als die Pneus durch die Furt pflügen – es gibt nasse Klamotten, auf dem Visier glitzern Tropfen. In Mourão, einem Städtchen am Ostende des Sees, stärken wir uns in der Dorfkneipe mit einer Schlachtplatte. Leichte Kost gibt es hier nur auf Nachfrage. Und der Wirt kann auch kaum verstehen, dass wir Wasser dem Wein vorziehen. Steil führt die Straße wenig später nach Monsaraz hinauf, einem am Nordufer des Stausees auf einem Hügel gelegenen kleinen Ort. Der wirkt an diesem Nachmittag wie ausgestorben. Wir schlendern über Kopfsteinpflaster, streifen entlang der blendend weißen Häuserwände durch die Gassen, werfen einen Blick in die gotische Pfarrkirche und hinunter ins Tal mit seinen Wiesen und Weiden.

Unser nächstes Ziel, die Stadt Évora, gilt als einer der ältesten Handelsplätze der Iberischen Halbinsel. Wie zum Beweis recken sich die Säulen eines ehemaligen römischen Tempels in den blauen Himmel. Einen Steinwurf entfernt spendet der eigenwillig gestaltete Turm der Kathedrale einen – inzwischen langen – Schatten. Morbide wird es im Casa dos Ossos. In diesem Gebäude bilden menschliche Schädel und Gebeine die Seitenwand! Diesseitiger geht es dagegen im gegenüberliegenden Marktgebäude zu. Hier werden frische Früchte und Gemüse und natürlich auch Wein angeboten. Und dann sind da noch die Produkte aus Kork, für die die Region bekannt ist.

Die Abendsonne strahlt durch das Visier, als wir wenig später nach Arraiolos fahren. In der dortigen, am Ortsrand inmitten von Wiesen gelegenen Pousada – einem an historischer Stätte eingerichteten Hotel – hatten wir das Nachtquartier gebucht. Die Sonne scheint durch das Portal in der kleinen Kirche. Im Schein der untergehenden Sonne springe ich kurz darauf in den Pool, entspanne mich im Wasser und sitze wenig später mit den anderen an der wohlgefüllten Tafel.

Links: Am Marktstand in Évora bekommt man Appetit.

Rechts: Pflanzen-Labyrinth in einem Weingut in Setúbal.

An der Costa Azul prallen die Atlantikwogen an steile Klippen (oben). Offroad-Abenteuer erlebt man bei Évora Monte (unten).

Eine gute halbe Stunde sind wir am nächsten Morgen bis Évora Monte unterwegs. Der alte Ortskern liegt hoch erhoben auf einem Hügel. Imposante Mauern umschließen die strahlend weißen Gebäude. Wieder holpern die Motorräder über Kopfsteinpflaster durch die verwinkelten Gassen. Das einzige Lebewesen scheint eine Katze zu sein, die neugierig an meinem Motorrad schnuppert und dann gemächlich zu ihrem Stammplatz im Schatten einer Bank stolziert. Von der Stadtmauer blicken wir hinunter auf Olivenhaine und grüne Wiesen, auf denen einige Kühe grasen. Und irgendwo dort unten verläuft auch die Straße, die uns zurückbringen wird nach Lissabon. Das verlängerte Wochenende in Portugal geht zu Ende. Leider, denn es hätte noch viel mehr zu entdecken gegeben. Aber der nächste Winter kommt bestimmt – und damit auch die Lust auf einen Ausflug in den warmen Süden.

INFORMATION

Allgemeines: Die Winterflucht nach Portugal beginnt in der Hauptstadt Lissabon und führt von der Küste ins dünn besiedelte Hinterland bis zur spanischen Grenze. Dabei beeindrucken sowohl die Landschaft als auch die vielen pittoresken Orte mit ihrer langen Geschichte. Tourismusinformation: Turismo de Portugal, www.visitportugal.com

Reisezeit: Portugal lässt sich mit dem Motorrad am besten im Herbst und Frühjahr bereisen. Auch im Winter ist Portugal Bikerland, wobei Thermofutter und Regenkombi für alle Fälle dabei sein sollten. Der Hochsommer zwischen Juni und August ist aufgrund der hohen Temperaturen nur für hitzeliebende Motorradfahrer ein Vergnügen.

Reisedauer und Wegstrecke: Die Tour von der Küste ins Hinterland und zurück nach Lissabon ist 750 Kilometer lang. Dafür sollte man drei Tage einplanen – gerne mehr, will man sich intensiver auf die verschiedenen Städte und Sehenswürdigkeiten einlassen. Wer in Zeitdruck kommt, kann den Rückweg auf der bestens ausgebauten Autobahn zurücklegen. Die Strecke ist auch für Anfänger machbar, wobei man enge Serpentinen beherrschen sollte. Die Schotterstraßen können auch umfahren werden.

Die Route im Detail: Die Fahrt durch den Alentejo von Lissabon bis zur spanischen Grenze führt entlang einer abwechslungsreichen Küste mit kleinen Buchten, steilen Klippen und langen Dünenstreifen durch das hügelige Hinterland bis zum Stausee von Alqueva. Spektakuläre Pässe überquert man auf der Tour nicht, cruist dafür aber durch eine Region mit einer langen Tradition und Geschichte, die überall zu spüren ist.

Übernachten: Lissabon: Hotel Dom Pedro Palace, www.dompedro.com
Pousadas sind einst dem Staat gehörende Unterkünfte (heute halbprivatisiert) in meist historischen Gebäuden wie Schlössern, Klöstern oder Burgen mit tollem Ambiente. In günstigen Abständen zueinander liegen folgende Unterkünfte auf der Strecke, in denen man auch hervorragend speisen kann: Alcácer do Sal, Pousada D. Afonso II., Arraiolos, Pousada de Nossa Sra. da Assunção, www.pousadas.pt.

Karten: Michelin-Nationalkarte 733 Portugal/Madeira, 1:400 000

Motorradvermietung: Hertz Ride, Vermietstationen in Lissabon mit aktuellen BMW-Modellen, www.hertzride.pt

Exquisite Pisten, gesäumt von Bergen, Wäldern, Wiesen und Blumen: das Tierser Tal durch die Motorradbrille

»Pass-Kontrolle« in den bleichen Bergen

Die Dolomiten stehen bei Bikern ganz oben auf deren Liste für Topdestinationen – bieten sie doch neben hohen Bergen, tiefen Tälern und herrlichen Pässen auch italienische Lebensart und herzliche Gastfreundlichkeit.

Die Dolomiten wurden früher die »bleichen Berge« (monti pallidi) genannt, weil sie wesentlich heller als andere Berge sind. Seinen heutigen Namen verdankt dieses Bergmassiv dem französischen Geologen Déodat de Dolomieu (1750–1801), nach dem auch der Dolomit als Gestein benannt wurde.

Diese, mit den verschiedensten verbalen Superlativen bedachten und inzwischen nicht nur bei Motorradfahren zu einer touristischen Berühmtheit gewordenen Berge gehören seit 2009 zum UNESCO-Weltnaturerbe. Die Dolomiten liegen in Südtirol, der nördlichsten Provinz Italiens. Hier sprechen die meisten Leute mindestens zwei (Mutter-)Sprachen. Deutsch: 70 %; Italienisch: 25 %; Ladinisch: noch 4 %.

Die Dolomiten liegen in Südtirol, der nördlichsten Provinz Italiens

Wie kommt man nun am besten dort hin? Antwort: mit dem Autozug der Deutschen Bahn. Pünktlich um 6:45 Uhr läuft der in Bozen ein. Ausgeschlafen? Das ist Ansichtssache; auf jeden Fall wäre Gelegenheit dazu gewesen. Der Schaffner weckt – ob man will oder nicht – so rechtzeitig, dass sogar noch Zeit für ein Frühstück im Zug bleibt …

Es dauert etwa 20 Minuten bis der Waggon mit den Mopeds für Bozen am Verladeterminal bereitsteht. Um 7:30 Uhr sind die Mopeds entladen und wieder bepackt, das Wetter wird gut, es kann also losgehen.

Der Plan war, so schnell wie möglich auf die Piste zu kommen und der Stadt Bozen am Tag der Rückfahrt die ihr gebührende Aufwartung zu machen. Wir verlassen den Bahnhof, halten uns sofort rechts und fahren auf der Via Renon etwa 200 Meter, bevor wir wieder scharf rechts auf die Via Brennero gelangen.

Es geht vorbei an dem kleinen Dörfchen Karneid (Cornedo all'Isarco), mit der aus dem 13. Jahrhundert stammenden und fast originalgetreu restaurierten Burg … Hier ist

Traumstraße über den Nigersattel bei St. Zyprian (oben). Umweltschonend, Benzin- und Reifensparend: der Autoreisezug (unten links). Speck, Schüttelbrot und Kaminwurzen sind (fast) überall zu haben (unten rechts).

die SS 241 durch das Eggental (Val d'Ega) ausgeschildert. Sie wird auch »Große Dolomitenstraße« genannt – das klingt schon mal gut. Allerdings ist diese nicht nur in den Sommer- und Ferienzeiten sehr frequentiert. Deshalb hier zwei Alternativen: die erste, für alle die schon jetzt auf der Suche nach einer Übernachtungsmöglichkeit sind, führt zunächst weiter bis Blumau (Prato all'Isarco) und dann in Richtung Steinegg/Collepietra. Die Abfahrt wird schnell zu einer ziemlich kurvigen Auffahrt und macht Spaß. Der Höhenunterschied allein in diesem Dorf beträgt 1350 Meter. Neben einem der schönsten Heimatmuseen Südtirols gibt es hier Ende Oktober immer ein Musik- und Kulturfestival. Wir fahren bis zu der kleinen Kapelle, biegen dann links ab und gelangen zu einer mehr als lohnenden Aussicht: Wir erblicken das Schlernmassiv und den berühmten Rosengarten. Von hier gelangt man dann weiter über Gummer und Birchabruck wieder auf die SS 241.

Die zweite Alternative wäre in Blumau noch etwas weiterzufahren, um dann direkt ins Tierser Tal einzufliegen. Entweder über die SP 165, eine sehr gut ausgebaute Piste, die ihrerseits nach etwa 30 Kilometern wieder direkt am Karerpass auf die SS 241 mündet – oder aber über die alte Passstraße in Richtung Breien/Brie. Die Piste ist saniert, wird relativ wenig befahren, hat aber viele unübersichtliche Kurven und bis zu 24 Prozent Steigung, bevor sie kurz vor Tiers auf die Tierser Landstraße stößt.

Wir genießen die Landschaft, bevor dann spätestens ab St. Zyprian nicht mehr zu verkennen ist, dass wir uns in einer stark frequentierten Urlaubsregion befinden. Hier auf der Almwiese Proa soll der beste Platz sein, um das berühmte Alpenglühen (Enrosadira) zu genießen.

Eher klein aber fein: 300 m lang, 140 m breit, max. 22 m tief: der Karer See (links) Sie ist und bleibt ein Faszinosum nicht nur für Biker: die große Dolomitenstraße

Überhaupt ist die Piste hinauf zum Nigersattel/Passo Nigra und am anderen Ende hinunter zum Karerpass/Passo di Costalunga schlichtweg vom Feinsten. Größtenteils führt die Straße zwar durch den Wald, aber ab und an erhaschen wir einen Blick auf das atemberaubende Panorama der bleichen Berge.

Hier, wo die Via Nigra, wie sie auch genannt wird, wieder auf die Große Dolomitenstraße trifft, biegen wir eigentlich ab nach Cortina d'Ampezzo. Es lohnt sich aber auch ein Abstecher für etwa 1,5 Kilometer in die entgegengesetzte Richtung. Der Grund dafür ist das »Auge der Dolomiten«.

So wird der unmittelbar an der Straße gelegene Karersee/Lago di Carezza genannt. Auf einem 1520 Meter hoch gelegenen Plateau, unweit von Latemar und Rosengarten, liegt er tiefgrün im Karer Wald und gilt als einer der schönsten alpinen Seen überhaupt. Wer Zeit und Muße hat, kann sein Moped auf dem nahegelegenen Parkplatz abstellen und nicht nur zum See, sondern auch um ihn herum wandern. Wir aber kehren zurück auf die Große Dolomitenstraße und fahren Richtung Cortina d'Ampezzo.

Die eigentliche Höhe des Karer Passes (1745 m) ist relativ unspektakulär, dafür bereitet die Tour hinunter ein Fahrgefühl der Extraklasse. Passagen durch den Wald wechseln mit solchen, die etwas mehr Ein- oder Ausblicke in die angrenzende Berg- und Tallandschaft gestatten. Auf der sehr gut präparierten Piste mit ihren großzügig ausgebauten Kurven fahren wir ins Fassatal. Die Mehrheit der Menschen spricht hier heute noch ladinisch. Da versteht es sich von selbst, dass Tradition und Kultur der Ladiner eine große Rolle spielen. Vieles davon hat sich bis in den heutigen Alltag der Menschen erhalten, die ihr Tal »Fascia« nennen. Mehr über die fast 10 000 Jahre alte Geschichte des Tales, Sprache und Kultur sind im Ladinischen Kulturinstitut von Vigo di Fassa zu erkunden. Vigo und Pozza di Fassa sind geografisch kaum noch auseinanderzuhalten – Urlaubs- und Erholungsort(e) mit einer beinahe ganzjährigen Saison.

Mazzin ist die kleinste und ruhigste Gemeinde des Fassatals, verfügt aber mit der Casa Battel, einer rätischen Burg aus dem 16. Jahrhundert, über das älteste Gebäude des Tales. Mit Campitello di Fassa erreichen wir nicht nur eine alte ladinische Siedlung, sondern auch einen Ferienort mit auffallend vielen Hotels, die vier und mehr Sterne führen.

Von Canazei/Cianacei aus gelangt man in fast alle Himmelsrichtungen, was in Tälern sonst nicht immer ganz einfach ist. Insofern stellt der Ort eine hervorragende Ausgangsbasis nicht nur für »Passgänger«, sondern auch und vor allem für Passfahrer und entsprechende »Kontrollfahrten« dar. Im Umkreis von 20 Kilometern Luftlinie erreicht man von hier aus acht Pässe: Sella- und Grödner Joch, Pordoi-, Karer-, Niger-, Pellegrino-, Fedaia- und Falzarego-Pass.

Schon jeder für sich wäre eine exklusive Tagestour wert, die dann aber wesentlich mehr beinhalten sollte, als auf der eine Seite hoch und auf der anderen wieder hinunterzubügeln. Hier verlassen wir die Große Dolomitenstraße noch einmal und wählen die gerade in den Sommermonaten wesentlich ruhigere SP 641.

Außerdem steht noch ein Rendevouz mit einer »Königin« auf dem Programm. Ihre Majestät hört auf den geologisch-bürgerlichen Namen »Marmolada«, oder wer's ladinisch mag, sagt »Marmoleda«. Es handelt sich um eine Berggemeinschaft, bestehend aus sechs Gipfeln, die alle über 3000 Meter hoch und damit die höchste Erhebung in den Dolomiten sind. Der höchste (Punta Penia) wurde mit 3343 Metern vermessen. Außerdem befindet sich auf der Nordseite der einzig ernstzunehmende Gletscher in der Gegend. Dieses majestätische Ensemble wird vervollständigt durch den malerischen Lago di Fedaia. Hier sollte man unbedingt eine Pause einlegen, die Aussicht genießen, die Marmolada-Hütte besuchen oder die Eisstadt besichtigen, das am höchsten gelegene (Kriegs-)Museum Europas, das Museo Della Guerra.

Der Lago di Fedaia ist ein teils natürlich und teils künstlich angelegter See, den man komplett umrunden kann. Zurück auf der SP 641 beginnt der Aufstieg zum Fedaia-Pass.

Die Straße wurde vor ein paar Jahren erneuert und optimiert. Einerseits beste Voraussetzungen für exzellenten Fahrspaß, andererseits wurden spannende Teilstücke, wie z. B. die Sottoguda-Schlucht für Kraftfahrzeuge gesperrt. Sei's drum: Auf der Ostrampe des Passes geht es immer noch recht recht gefällig aber übersichtlich abwärts. Viel Wald und malerische Orte, von denen Sottoguda unsere besondere Aufmerksamkeit erregte. Neben der künstlerischen Holzverarbeitung hat hier auch das Kunstschmiedehandwerk

Fast obligatorisch: der Aussichts- und Verpflegungspunkt am Marmolada Gletscher mit dem Stausee

Fest gemauert in oder an den Fels: serpentinenförmige Straßenabschnitte als größte Herausforderung beim Bau der Großen Dolomitenstraße bei Pian di Falzarego (links)
»Ich war auch hier« – und wen interessiert das? (rechts)

Metal-Village Sottoguda: kunstvoll geschmiedete, Figuren zeugen von der langen Tradition dieses Handwerks.

(ferro battuto) eine lange Tradition und wird bis heute meisterhaft ausgeführt. Viele teils mystisch anmutende Werke säumen die Straße durch den Ort und nötigen den Fahrer fast zum Anhalten …

Die Straße führt eigentlich weiter bis Caprile, nicht aber für uns, denn wir schwenken in Saviner di Laste nach Norden. Entweder weiter auf der SS 563 oder über Rucova und die SR 203 oder aber die SP 638 über Villagrande und den Passo di Giau. Beides sind aufregende, kurvenreiche Strecken, erstere vielleicht etwas komfortabler, wir nehmen sie. In Cernadoi aber hat uns dann die Große Dolomitenstraße wieder. Zügig geht es durch den Wald und immer bergauf: Kurven, Kehren, fantastische Ausblicke und kaum Verkehr – es ist Oktober und später Nachmittag. Vor dem Pass kommt dann noch ein Stopp: Pian Falzarego, Übernachtungs- und vor allem Fotomöglichkeit.

Der Straßenabschnitt über den Pass galt für Ingenieure und Straßenbauer gleichermaßen als größte Herausforderung auf der gesamten Strecke zwischen Bozen und Cortina d'Ampezzo. Eine ungefähre Vorstellung davon bekommt man beim Blick auf die gemauerten Serpentinen. So etwas fällt beim Fahren naturgemäß weniger auf.

Uns fehlen jetzt noch etwa 170 Höhen- und 3000 Entfernungsmeter. Die verteilen sich auf sieben Kehren und sechs Prozent Steigung – ein würdiges Aufstiegsfinale für den Passo di Falzarego. Hier ist nochmal Innehalten und Umschauen angesagt. Neben Einkaufs- und Einkehrmöglichkeiten gibt es weiter oben am Lagazuoi noch ein Freilichtmuseum mit Bunkern, Schützengräben usw.

Wir aber fahren in Richtung Cortina über die Ostrampe des Passes noch etwa sechs Kilometer abwärts. Nach ein paar Minuten taucht die Straße ein in den Wald. Die auffallend vielen Lärchen, die im herbstlich bunten Nadelkleid erstrahlen, machen den »Indian Summer« in Südtirol zum Erlebnis. Wir folgen dem Track bis hinunter nach Pocol und erreichen wenig später die Olympiastadt. In der (Hoch-)Saison sollte man Übernachtungen unbedingt vorher gebucht haben und in der Nachsaison kann es passieren, dass viele Unterkünfte geschlossen haben.

INFORMATION

Allgemeines: Was das Motorradfahren in den Dolomiten betrifft, kann man nicht mehr von einem Geheimtipp sprechen. Südtirol gehört zu den Topdestinationen für Motorradfans. Nicht nur wegen der faszinierenden landschaftlichen Gegebenheiten, sondern auch wegen der hervorragenden Straßenverhältnisse der zahlreichen (bikerfreundlichen) Hotels und Gaststätten usw.
Die Tour führt von Bozen größtenteils auf der Strada Statale 241 – SS 241 – bis nach Cortina d'Ampezzo. Diese wird auch als die »Große Dolomitenstraße« bezeichnet und wurde auf Initiative des deutsch-österreichischen Alpenvereins gebaut. Sie sollte den Alpinisten die Dolomiten besser zugänglich machen, ist 109 km lang und führt in West-Ost-Richtung. Die Eggentalstraße, sowie die Trasse über den Karerpass waren schon da, aber die höheren Abschnitte waren nur über Schotterpisten oder Saumwege zu passieren. So wurde im Jahre 1900 mit dem Bau begonnen. Neun Jahre waren nötig, bis die letzten und zugleich anspruchsvollsten Abschnitte am Passo di Falzarego fertiggestellt werden konnten.

Reisezeit: Die günstigste Reisezeit ist entweder im Frühjahr oder im Herbst. In den Sommermonaten kann es zum einen sehr warm und zum anderen recht überlaufen werden. Man sollte bedenken, dass nicht nur Motorradfahrer die Dolomiten toll finden, sondern noch allerlei anderes fahrendes Volk die Pisten beansprucht. Übrigens: im August sind in ganz Italien Ferien …
Weiterhin sollte beachtet werden, dass aufgrund des Höhenprofils erhebliche Temperatur- und Witterungsunterschiede auftreten können. Wenn es im Tal noch schön sonnig und warm ist, kann es ein paar Minuten später und einige Meter höher bereits neblig sein, regnen oder sogar schneien. Man sollte auf extreme Wetterwechsel eingestellt sein.

Reisedauer und Wegstrecke: Die hier beschriebene Tour umfasst ca. 130 Kilometer. Wer nicht vom Weg abweicht, sich nicht für Sehenswürdigkeiten am Wegesrand interessiert oder alles schon kennt, der kann das in fünf, vielleicht auch vier Stunden schaffen. Ansonsten hängt es natürlich davon ab, wie viel Zeit man sich nimmt oder gibt …

Die Route im Detail: Die Tour führt direkt über vier Pässe: Nigersattel (1688 m); Karerpass (1745 m); Fedaiapass (2047 m); Falzaregopass (2105 m); zwei Seen: Karersee und Marmolada Stausee; sowie einen Gletscher: Marmolada.

Übernachten: In Südtirol ist man auch bei den Übernachtungsmöglichkeiten auf der Höhe der Zeit. Sowohl quantitativ als auch qualitativ. Das heißt, es gibt genügend Möglichkeiten auf unterschiedlichem Niveau, positive wie negative Aspekte mit eingeschlossen. So sollte man sich nicht wundern, wenn in der Hauptsaison mehr gezahlt werden muss als in der Nebensaison. Hier kann man dann aber auch oft noch etwas verhandeln …

Hotel Steineggerhof Familie Resch, Oberdorf 128; I-39053 Steinegg, www.steinerggerhof.it
Hotel Savoy, Karerpass 2; I-39056 Karersee, www.hotelsavoycarezza.it
Rifugio Marmolada, al Lago di Fedia, Passo Fedia 5; I-38032 Canzei, www.rifugiomarmolada.it
Hotel Meuble Villa Nevada, Via Ronco 64; I-32043 Cortina d'Ampezzo, www.villanevada-cortina.com

Karten: Südtirol – Bozen, Freytag & Berndt Artaria KG Wien, 1:150 000

Pure Vorfreude: Die Nordrampe zum Grimselpass stimmt uns ein auf das prächtige Wallis.

Viel mehr als nur ein Flusstal

Die mächtige Rhone hat hier im Laufe von Jahrtausenden ein Motorradparadies geschaffen, wie es prächtiger und auch herausfordernder kaum sein kann. Bringen Sie aber bitte eine Portion Erfahrung mit.

Bereits die Anreise in das Wallis können wir – von Osten kommend – zu einem erinnerungswürdigen, fahrerisch anspruchsvollen Genuss ausgestalten. In Disentis, im Nachbarkanton Graubünden, beginnt unser Wallis-Erlebnis mit dem gemütlichen Anstieg zum Oberalppass direkt auf der Grenze zu Uri und der Zentralschweiz. Der Pass mit seinen 2045 Höhenmetern gleicht zwar eher einer vielbefahrenen Bundesstraße, aber spätestens in Andermatt beginnt für uns die echte Herausforderung des Tages: der Aufstieg zum legendären Furkapass, unserem nicht nur fahrerisch atemberaubenden Tor ins Schweizer Wallis. Der Furka gehört zu den Top Ten der Schweizer Pässe – und das nicht erst, seitdem er einer der actionreichsten Drehorte eines James-Bond-Filmes war. Seine Landschaft ist hochalpin, seine Kehren sind gut ausgebaut und seine Kombinationsmöglichkeiten vielfältig. Zum Beispiel gleich im Basisort Gletsch, dort

Herbst am Furkapass Bereits im September grüßt der Winter das erste Mal.

Erlebenswerter Boxenstopp: das Walliser Städtchen Brig

zweigt rechter Hand die Südrampe zum Grimselpass ab. Falls Sie kurz »Hallo« sagen wollen – ich mache es jedes Mal gerne wieder.

Im malerischen Bergdorf Ulrichen im Oberwallis treffen wir dann das erste Mal auf die Rhone respektive das Flüsschen namens Rotten, dessen diverse Quellen am Furkagletscher liegen, und das im weiteren Verlauf zur mächtigen Rhone heranwächst. Leicht zu übersehen ist es an dieser Stelle noch. Imposant dagegen sind die typisch dunkelbraunen Holzfassaden der Walliser Häuser, die in langen Wintern jeden wärmenden Sonnenstrahl saugen. Zahlreiche prächtige Beispiele der historischen Bauweise finden sich auch im Bergdorf Bellwald oberhalb des Tals. Atemberaubende Konstruktionen aus Stelzen und Steinplatten verhinderten wirkungsvoll, dass Mäuse und andere Nager in die im ersten Stock liegenden Vorratskammern klettern konnten. Geschickt gemacht!

Das sehenswerte Brig im Oberwallis lädt uns zu einem verdienten Einkehrschwung inklusive Rundgang, perfekt gestärkt geht es anschließend hinauf nach Leuk und Leukerbad. Den Aufstieg wählen wir über das Bergdorf Albinen, eine mehr als einsame Bergstrecke führt uns direkt in die berühmteste »Höhenbadewanne« des Wallis. Über 20 Thermalquellen spenden bis heute täglich gut vier Millionen Liter bis zu 50 °C heißen Quellwassers direkt aus den unerforschten Tiefen der Berge – übrigens auch als echte Wohltat für verspannte Bikerrücken. Wer also nicht unbedingt zentral im Wallis wohnen möchte, dem sei Leukerbad sprichwörtlich wärmstens empfohlen.

Eine prächtige Aussicht auf das Wallis haben die Mitarbeiter im historischen Rathaus von Leuk. Inmitten von Weinbergen erhebt sich das imposante Gebäude hoch über der Rhone, gleich nebenan überrascht das Bischofschloss Leuk mit seiner wohl einem ostfriesischen Leuchtturm nachempfundenen Glaskuppel von Mario Botta, dem Wahrzeichen des neuen Leuker Kultur- und Kunstzentrums.

Über Veyras und Aminona-sur-Sierre geht es dann erneut hinauf in die Walliser Alpen nach Crans-Montana, dem bekanntesten Skiresort des Wallis, das sich außerhalb der weißen Saison in sehenswerter Beschaulichkeit präsentiert. Rasch öffnet sich der Blick auf ein Sammelsurium aus Neuem und Altem, aus Hotelburgen und historischen Gasthöfen. Für sich allein betrachtet zwar etwas dröge, aber in Kombination mit der erwähnten Anfahrt echt nett.

Immer am nördlichen Talhang entlang führt unser weiterer Weg Richtung Anzère und Arbaz. Die äußerst kurvenreiche Hö-

Nicht retuschiert: Mineralien und eine kräftige Sonne färben das Wasser des Lac de Moiry derart ein.

henstraße überrascht immer wieder mit grandiosen Ausblicken auf das Rhonetal. Steile Rebenhänge bestimmen das Bild rund um Sion und Conthey. Und so manch einer der Versorgungswege hinauf in die Weinberge ist frei befahrbar. Wenn Sie mögen, setzen Sie einfach den Blinker und huschen eine Runde über Betonplatten. Wendemöglichkeiten gibt es am Ende der Pisten sicherlich. Hinter Ovronnaz endet dann die Höhenstraße und klettert wieder hinab ins Tal Richtung Martigny, einem wichtigen Verkehrsknotenpunkt. Martigny besitzt aber auch zahlreiche touristische Sehenswürdigkeiten, wie zum Beispiel das Schloss Bâtiaz oder die Wassermühle Semblanet. Ach ja: Und nicht zu vergessen, das Musée et Chiens du Saint-Bernard mit Exponaten zum berühmtesten Lawinenhund der Welt, dem Bernhardiner Barry und zu seinen Artgenossen.

Barrys quicklebendige Nachkommen können Sie übrigens oben auf der Passhöhe des Grossen Sankt Bernhard besuchen, dessen Nordrampe direkt in Martigny beginnt. Ein lohnender Abstecher. Ebenso wie der Besuch in Verbier, dem Höhepunkt im Val de Banges. Die Lage des ehemals abgeschiedenen Bergbauerndorfes ist atemberaubend schön, wir schauen uns auch zu Fuß ausgiebig um.

Die südliche Talseite mit zwei der schönsten Seitentäler des Wallis steht danach auf unserem Tourenplan. Über Veysonnaz und Les-Mayens-de-Sion geht es kurvenreich zur Rampe hinauf zum Doppelpack Val d'Hérens/Val d'Hérémence, dessen westlicher Zipfel immerhin bis zur gewaltigen Grande Dixence, der Talsperre des Lac de Dix führt. Sie ist mit 285 Metern aktuell die zweithöchste Staumauer der Welt. Eine Seilbahn bringt Besucher in fünf Minuten hinauf zum Stausee, der von 50 Gletschern gespeist wird.

Bei Euseigne versuche ich stets, möglichst geräuscharm unter den berühmten Erdpyramiden hindurchzutauchen. Denn die gehören nicht nur zum Schweizer »Bundesinventar der Naturdenkmäler mit nationaler

Anreise von Osten: Oberalp- und Furkapass stimmen uns perfekt ein auf das Wallis und seine Höhepunkte.

Gehört einfach dazu: Gleichwohl der Simplon recht einfach zu erobern ist, lohnt ein Abstecher (links). Ebenso wie in Leuk hoch über dem Tal (rechts).

Bedeutung«, jene imposanten aus natürlicher Erosion entstandenen Felsskulpturen sind inzwischen auch äußerst bröselig. Also bitte keinesfalls hupen, falls es nicht ausdrücklich notwendig sein sollte. Gleich hinter der Wand aus Sandpyramiden beginnt ein herrliches Potpourri aus Kurven, bis hinauf in das malerische Bergdorf Arolla.

Das im Osten anschließende Val d'Anniviers ist nicht nur ein fahrerischer Leckerbissen, es ist auch für viele Besucher das schönste Seitental der Rhone. »Das Tal, das irgendwo zwischen Himmel und Erde hängt« soll es Rainer Maria Rilke genannt haben und wahrlich, trefflicher ist es kaum zu beschreiben. In seinem westlichen Zipfel erwartet uns die Sackgasse zum Lac de Moiry, einem malerischen Speichersee auf 2250 Metern Höhe. Mein Tipp: Drehen Sie keinesfalls zu früh um, bis zum Talschluss am Fuß des mächtigen Moiry-Gletscher reicht die Betonplattenpiste. Dann einfach den Seitenständer ausklappen und eine Runde »Seele baumeln«. So viel Zeit muss sein …

Gleich hinter der Wand aus Sandpyramiden beginnt ein herrliches Potpourri aus Kurven

Dies umso mehr, als die beiden nächsten Täler auf unserem Roadbook zumindest für Biker einen äußerst zwiespältigen Eindruck hinterlassen. Landschaftlich hat vor allem das Mattertal bis hinauf nach Zermatt viel zu bieten. Aber sowohl Zermatt als auch Saas-Fee ganz am Ende des Saastals sind nicht mit dem Bike zu erreichen, nur mit dem Taxi – gegen einen satten Obolus – per Rad oder Bahn gelangt man dorthin. Beide Orte sind für den Individualverkehr gesperrt, riesige gebührenpflichtige Parkhäuser und -plätze nehmen Besucherfahrzeuge und Reisebusse bereits weit davor auf. Dieser Aufwand mag sich bezüglich Zermatt durchaus lohnen, denn in Steinwurfweite zum berühmtesten Berg der Schweiz – dem Matterhorn – haben hier unzählige Bergsteigerlegenden ihre Spuren hinterlassen.

Süß-saurer Exkurs: Mit 4478 Metern ist das Matterhorn einer der höchsten Berge der Alpen. Seine Ost-, Nord- und Westwand liegen auf Schweizer, die Südwand auf italienischem Staatsgebiet. Es ist nicht nur die meistfotografierte Touristenattraktion der Schweiz, sein markantes Gipfelprofil diente einstmals sogar als Vorlage für eine der berühmtesten Süßigkeiten der Schweiz: die Toblerone-Schokolade. 1581 wurde das Matterhorn bereits erstmals urkundlich erwähnt, doch es dauerte noch beinahe 300 Jahre, bis der Berg am 14. Juli 1865 erstmals bestiegen werden konnte. Über 400

Süffige Abwechslung: Die Weinberge rund um Sion durchzieht ein dichtes Netz einsamer Betonpisten, die wir ganz legal erkunden können (oben). Und auch Ulrichen ist sehenswert (unten).

Mal ist er inzwischen bezwungen worden, doch ebenso viele Bergsteiger fanden am Matterhorn auch den Tod. Und fast 30 von ihnen hat der Berg bis heute nicht wieder hergegeben. Alle Infos auch unter www.zermatt.ch.

Im naheliegenden Brig mit seinem quirligen historischen Zentrum, das uns bereits auf der Anreise so gastlich begrüßte, endet dann auch diese Traumroute durch das Wallis. Zumindest dann, wenn Sie sich nicht abschließend noch den erlebenswerten Simplonpass gönnen wollen. Dessen Nordrampe beginnt direkt im Süden von Brig, der weltberühmte Simplon-Adler erhebt sich nur noch wenige Kehren entfernt auf gut 2000 Höhenmetern inmitten eines mächtigen Plateaus. Kein Geringerer als Napoleon ließ 1801–1805 die erste befestigte Passstraße bauen, um den Übergang für den Transport seiner Artillerie nutzbar zu machen. 1801 wurde mit dem Bau des Simplon-Hospizes begonnen, doch es sollten satte 30 Jahre vergehen, bis es vollendet wurde. Auf der Passhöhe genießen wir eine traumhafte Aussicht auf die umliegenden Gipfel- und Gletscherwelten der Berner Alpen. Und auf jenen überdimensionalen Granitadler, der sich dort seit über 60 Jahren im Sonnenschein räkelt. Der Adler wurde übrigens von der Gebirgsbrigade 11 erbaut, zur Finanzierung hat jeder Soldat einen Tageslohn gespendet. Ob allerdings immer ganz freiwillig, ist nicht überliefert …

INFORMATION

Allgemeines: Das Wallis ist der drittgrößte Kanton der Schweiz, mit gerade einmal 60 Einwohnern pro km² aber sehr dünn besiedelt. Geografisch besteht das Wallis aus dem mächtigen Rhonetal und dessen Seitenarmen, die von Rhonezuflüssen geformt wurden. Im Norden begrenzen die Berner und Waadtländer Alpen, im Süden die Walliser Alpen den Kanton. Hier liegen auch die höchsten Berge der Schweiz, wie die Dufourspitze und das Matterhorn. Und mit dem Aletsch-, Gorner- und Fieschergletscher besitzt das Wallis zudem die größten Gletscher der gesamten Alpen. Natürlich stehen die namhaften Pässe des Wallis ganz oben auf jedem Roadbook, angefangen vom Grossen Sankt Bernhard, dem Furka-, dem Grimsel- und dem Nufenenpass sowie dem legendären Simplon. Aber gerade auch die Täler rechts und links der gewaltigen Rhone lohnen eine ausgiebige Erkundung, allen voran das Val d'Hérens mit Zwillingsbruder Val d'Hérémence und unbedingt auch das Val d'Anniviers. Und nach einem mehr als kurvenreichen Tagwerk kann man sich noch die sehenswerten Städte gönnen, wie zum Beispiel Sion, Sierre, Brig oder auch Leuk und Leukerbad.

Reisezeit: Das Wallis gehört zu den wärmsten und sonnenreichsten Kantonen der Schweiz, der Frühling beginnt hier ab März und mündet in einen warmen Sommer mit bis zu 30 °C. Der Herbst kehrt ab Mitte September zurück, spätestens ab Mitte Oktober muss auf den Pässen mit erstem Schnee gerechnet werden. Die beste Reisezeit für Biker ist Juni bis Oktober, im August kann es im Wallis recht voll werden.

Reisedauer und Wegstrecke: Bis auf das Rhonetal selbst besteht der Fahrspaß im Wallis nahezu ausschließlich aus Sackgassen. Aussichtsreiche Talstraßen führen in die Berge und enden im Gewirr der Felsen als kehrenreiche Hoch- und Panoramastraßen. Die Tour ist gut 800 km lang, kann aber sehr leicht in Etappen unterteilt werden. Sie sollten mindestens fünf Tage plus Anreise einplanen, da auch die Städte viel Sehenswertes bieten.

Die Route im Detail: Die Anreise empfehle ich über Chur, Disentis, den Oberalppass (2044 m, 24 Kehren) sowie Andermatt zu wählen. Dann folgt der Aufstieg zum Furka- (2431 m, 21 Kehren) sowie wahlweise auch Abstecher zum Grimselpass (2165 m, 17 Kehren), anschließend haben wir das Oberwallis erreicht. Über Ulrichen – und eventuell einen Abstecher hinauf zum Nufenenpass (2478 m, 22 Kehren) – erreichen wir Brig-Glis und das Haupttourengebiet. Dessen erster Abschnitt verläuft komplett am Nordrand des Rhonetales über Leuk, Leukerbad, Veyras, Crans-Montana, Anzère, Arbaz, Savièse, Conthey nach Ovronnaz. Nach einem Abstecher nach Martigny und Verbier geht es in die Täler am Südufer der Rhone, wie das Val d'Hérémence und Val d'Herens inklusive Eusseigne und der Erdpyramiden. Das Val d'Anniviers sowie ein Blick in die Täler von Zermatt und Saas-Fee bilden den Abschluss.

Übernachten: Die Möglichkeiten reichen von Berghütten mit Matratzenlager über Ferienwohnungen und Pensionen bis zu Gasthöfen und Hotels jeglichen Standards. Biker sind im Wallis allerorten herzlich willkommen. In den beliebtesten Orten, wie Leukerbad, Sion, Brig oder Martigny sind im August Vorabreservierungen empfehlenswert.

Maut: Autobahnen und Schnellstraßen sind vignettenpflichtig, die Jahrevignette kostet 40 sFr. Diese Rundreise ist komplett mautfrei durchgeplant, auch die Anreise über Graubünden kann sehr bequem fernab von Autobahnen geplant werden.

Karten: Kümmerly & Frey, Ausflugs- und Touristikkarte Wallis – Valdis – Vallese, 1:120 000

Dort wo die Dämonen hausen: Die Hohen Tauern sind Bikers legendäres Tourenziel.

Im Land der Goldberge

Der Großglockner ist Österreichs höchster Berg, die ihn umgebenden Hohen Tauern eine der anekdotenreichsten Hochalpenlandschaften – und mittendrin wurde bereits 1935 ein echtes Paradies für Motorradfahrer asphaltiert.

Obwohl die Großglockner Hochalpenstraße gerade einmal gute 60 Kilometer misst, lässt sich der unvergessliche Genuss einer Reise über diese Panoramastraße ganz leicht mit umliegenden Höhenpunkten kombinieren. Idealer Ausgangspunkt dieser Traumroute ist Lienz, die Hauptstadt Osttirols, mit einem Klima, wie es gesünder kaum sein kann. Denn Lienz weist statistisch nicht nur die meisten Sonnenstunden von ganz Österreich auf. In Kombination mit ihrer nachweislich sauberen Luft scheint die quirlige Stadt sogar lebensverlängernde Wirkung zu besitzen, liegt die Lebenserwartung der Einwohner doch deutlich über dem Landesdurchschnitt.

Bevor wir uns dem zentralen Höhepunkt unserer Reise zuwenden, gönnen wir uns als Warm-up erst einmal den Abstecher durch das idyllische Drautal Richtung Oberdrauburg. Dort kurzerhand den Blinker rechts gesetzt, geht es über den Gailbergsattel nach Kötschach-Mauthen im Lesachtal. Im Kärntner Städtchen Hermagor empfiehlt sich bei sommerlichem Kaiserwetter vielleicht sogar eine kurze Umrundung des herrlichen Pressegger Sees. Der beliebte Badesee verfügt nicht nur über Trinkwasserqualität, er erwärmt sich im Hochsommer bis auf angenehme 28 °C. Sein sehr kalmushaltiges Wasser soll sogar über Heilkräfte verfügen, der See gilt bei Einheimischen als wahrer Jungbrunnen.

Eine weitere Portion Kärntner Kurvenhatz spendiert uns bald darauf der Kreuzbergsattel, ein 1074 Meter hoher Pass im Herzen der Gailtaler Alpen. Auch als Kärntner Kreuzberg bezeichnet, führt der Pass hinunter nach Greifenburg. Über einen weiten Schlenker durch das Mölltal geht es nach Obervellach. Am Fuß des gewaltigen Tauernhauptkammes gelegen, erinnert das traditionelle Bergbaudorf bis heute an die Zeiten reicher Gold- und Silberfunde in den Hohen Tauern, die den Wohlstand des Ortes begründeten.

Winklern, das »Tor zu den Hohen Tauern«, empfängt uns wenig später auf der Grenze zu Osttirol, der Tiroler Enklave, die uns noch ausgiebig begeistern wird. Doch jetzt liegt erst einmal der Südeinstieg zur le-

Paradiesische Landschaften: Virgen- und Defereggental gehören unbedingt auf Bikers Osttiroler Roadbook.

Lieblingsplatz von Promis und Bikern: Die Kaiser-Franz-Josefs-Höhe führt uns ganz nah an Großglockner und Pasterze heran (links). Am Großglockner-Hochtor (rechts)

Eine weitere Portion Kärntner Kurvenhatz spendiert uns bald darauf der Kreuzbergsattel

gendären Großglockner Hochalpenstraße direkt vor uns, an der Mautstelle kurz vor Heiligenblut holen wir uns ausführliche Infos ein zum Thema Kombitickets. Denn die Passstrecke über den Felbertauern lässt sich mit dem Großglockner günstig kombinieren. Die sehr freundlichen Mitarbeiter des Mautterminals beraten uns Motorradfahrer als wichtige Zielgruppen der Panoramastraße sehr gerne.

Kleiner Exkurs zur »Die Geburt einer Legende«: 1924 begann die Projektierung einer 48 Kilometer langen Straße mit Ausweichstellen auf Sichtweite, einer Höchststeigung von zwölf Prozent sowie einer einfachen Schotterdecke. 1929 beschloss der Salzburger Landtag den Bau der Glocknerstraße, am 30. August 1930 krachte der erste Sprengschuss in Ferleiten und bereits vier Jahre später feierte man die Eröffnung der Großglockner Hochalpenstraße. In 26 Baumonaten wurden 870000 Kubikmeter Erde und Fels bewegt, 115750 Kubikmeter Mauerwerk geschaffen, 67 Brücken gebaut und ein Straßentelefon mit 24 Sprechstellen installiert. Die Gesamtbaukosten betrugen umgerechnet gut 54 Millionen Euro. Doch von ihrem originalen Ausbauzustand ist auf der heutigen Panoramastraße nur noch am Abzweig zur 2572 Meter hohen Edelweißspitze etwas zu entdecken. Das Kopfsteinpflaster der engen Kehren stammt noch aus dem Erbauungsjahr 1935. Der Rest der Straße wurde sukzessive modernisiert und vor allem auch den speziellen Bedürfnissen der Motorradfahrer angepasst. Denn Biker zählen seit vielen Jahren zur Hauptklientel der Großglockner Hochalpenstraße, sie sollen sich auf dem Dach Österreichs ganz besonders wohl fühlen.

Dazu dienen auch spezielle Einrichtungen, wie der Bikers Point auf der Edelweißspitze, ein reserviertes Parkareal »in der ersten Reihe« mit Tischen und Bänken sowie Informationstafeln über Landschaft und weitere Motorradtouren. Außerdem die Biker Safes am südlichen Ende des Hochtortunnels sowie auf der Kaiser-Franz-Joseph-Höhe mit reservierten Schließfächern für Helme und Jacken, um befreit von jeglicher Ausrüstung wandern oder pausieren zu können sowie detailliert ausgearbeitete Routenvorschläge für genussvolles Touren im Einzugsbereich des Großglockners, der Gerlos Alpenstraße

Perfekter geht's wohl nimmer: Die gesamte Hochalpenstraße ist speziell auch für Motorradfahrer ausgebaut. Und die echten Murmeltiere sind beinahe handzahm.

und Nockalmstraße. Doch zurück zu unserer Reise.

Plötzlich taucht Heiligenblut vor unserem Windshield auf, heute ein touristisch geprägter Ort mit langer und spannender Geschichte. Hier liegen all diejenigen begraben, die den Großglockner als Bergsteiger bezwingen wollten und dabei gescheitert sind. Es waren ziemlich viele im Laufe der Jahrhunderte. Auch Kaiser Franz Joseph I. und Kaiserin Sissi wanderten 1856 in den Hohen Tauern, ihr Lieblingsplatz wird seither Kaiser-Franz-Josefs-Höhe genannt, ein Abzweig linker Hand, den wir uns wie selbstverständlich gönnen. Er führt direkt vor Österreichs höchsten Berg, den Großglockner (3798 m) und erlaubt erinnerungswürdige Aussichten auf den längsten Gletscher der Ostalpen, die Pasterze. Beinahe handzahme Murmeltiere tummeln sich in unmittelbarer Nähe, und im Besucherzentrum wird die Geschichte rund um den Großglockner wieder lebendig.

Das Hochtor auf 2504 Metern ist unser nächster Boxenstopp und einer der markantesten Punkte auf der Höhenstraße, hier liegt der formelle Scheitelpunkt der Strecke. Die Edelweißspitze als der insgesamt höchste befahrbare Punkt der Hochalpenstraße zweigt als Sackgasse einige Kehren später rechts ab, historisches Kopfsteinpflaster führt uns in sieben mittelschweren Kehren hinauf auf 2571 Meter – mit Bikers Point, Motorradparkplatz und atemberaubendem Rundumblick auf die Hohen Tauern. Wir können uns gar nicht sattsehen, so herrlich ist das hier oben auf dem Dach Österreichs.

Vergleichsweise gemütlich geht es anschließend hinab nach Zell am See, bereits im Mittelalter eine bedeutende Handelsstadt. Die historische Altstadt lädt zum Flanieren und Rasten ein, bevor wir uns dem zweiten Teil der Rundreise widmen: der Felbertauernstraße sowie den malerischen Tälern Osttirols.

Auf der 36 Kilometer langen Panoramastrecke der Felbertauern geht es selbst an Hochsommertagen ruhig zu. Von Mittersill aus windet sich die Nordrampe mit gut neun Prozent Steigung bergan zum fünf Kilometer langen Felbertauerntunnel, dessen Südportal den Motorradfahrer bereits in die sonnenverwöhnte Hochgebirgslandschaft Osttirols entlässt. Hartnäckig hält sich nicht nur bei mir bis heute die Vermutung, dass die Straßenbauer des Virgentales Motorradfahrer mit Leib und Seele gewesen sein müssen, denn in perfekten Rechts-Links-Kombinationen zweigt die Talstraße wenig später bei Matrei rechts ab und führt uns über sehenswerte Bergdörfer, wie Virgen und Prägraten, vorbei an mächtigen Gehöften auf einsamen Almen. In Hinterbichl am Ende des Hochtales heißt es dann, den Seitenständer auszuklappen, die Seele ein wenig baumeln zu lassen und die Ausblicke für die Ewigkeit, für das Fotoalbum zu digitalisieren.

Über 150 Dreitausender, höchst beeindruckende Gletscher und der größte Nationalpark Mitteleuropas – auch das Panorama rund um Matrei im Herzen der Hohen Tauern hat viel zu bieten. Das historische Zentrum des Bergdorfes ist ideal für einen ausgiebigen und stärkenden Einkehrschwung, bevor wir dann im naheliegenden Weiler Huben den Blinker links setzen und dem Wegweiser hinauf nach Kals am Großglockner folgen. Durch prachtvolle Lärchenwälder wedelt die Piste bergan in ein Hochtal mit wunderschönen Bergbauernhöfen. Am östlichen Ortsrand zweigt die Rampe zur mautpflichtigen Kalser Glocknerstraße ab, einer sieben Kilometer langen Panoramastrecke, die uns von Südwesten an Österreichs höchsten Berg heranführt. Gute 700 Höhenmeter später erwartet uns das Lucknerhaus mit einem grandiosen Glocknerblick. So schön, dass ich meistens gar nicht wieder umkehren möchte.

Dabei erwarten uns im letzten Viertel der Rundreise noch drei Höhepunkte, sowohl in fahrerischer wie auch landschaftlicher Hinsicht. Nummer eins ist das sehenswerte Defereggental, von Huben aus Richtung Westen schwingend. Auch dessen Talstraße ist ein fahrerischer Hochgenuss, vor allem in Kombination mit Abstechern zu den Ortschaften rechts und links. Ganz am Ende des Hochtales beginnt die Rampe hinauf zum Staller Sattel, die Passstraße windet sich von St. Jakob kommend zunächst durch lichten Bergwald in die Höhe, bevor sie oberhalb der Baumgrenze in einem weiten Hochplateau mündet.

Eine landschaftliche Perle dieses Plateaus ist der geheimnisvolle, weil bis heute wohl nicht vollständig ergründete Obersee, in dem vor einigen Jahren sogar der höchst gelegene Schiffsfund Europas gemacht wurde. Das Alpengasthaus Oberseehütte lädt Biker wie Wanderer zur Einkehr und Rast. Zum Beispiel auch, um die Wartezeit bis zur Weiterfahrt Richtung Antholz zu überbrücken. Denn auf italienischer Seite besteht aufgrund

Osttiroler Hochgenuss: Lienz ist Österreichs Stadt mit der höchsten Lebenserwartung (links). Das Villgratental hingegen eine der schönsten Sackgassen Österreichs (rechts).

Erinnerungswürdige Bergbauern-Idylle im Virgental: Bringen Sie unbedingt viel Zeit mit bei Ihrem Besuch in den Hohen Tauern (oben und unten).

der nur einspurigen Straßenbreite eine ampelgesteuerte Einbahnregelung sowie ein Verkehrsverbot für Wohnwagen und Busse. Oder verkürzen Sie sich die Wartezeit einfach mit einer Runde Benzingespräche. Macht echt Spaß in dieser Umgebung.

Die ampelgeregelte Fahrt vom Obersee hinunter ins Pustertal ist jeweils von der vollen Stunde bis zur 15. Minute, die Fahrt vom Antholzer See hinauf Richtung Österreich jeweils von der 30. bis zur 45. Minute einer jeden Stunde freigegeben. Im Pustertal angekommen erwartet uns dann nach einem empfehlenswerten Sackgassenabstecher hinauf in das Villgratental zu guter Letzt noch die Pustertaler Höhenstraße als absoluter fahrerischer Leckerbissen. Eine der schönsten Panoramastraßen Osttirols führt am Nordrand des Tales in einer Höhe von bis zu 1480 Metern über Abfaltersbach nach Vergein und Bannberg. Auf einer natürlichen Sonnenterrasse gelegen, bietet sich uns eine wahre Traumlandschaft abseits aller Hektik, verziert mit herrlich liegenden Höfen, winzigen Dörfern und ungezählten Kurven. Die Ausblicke auf das Hochpustertal und die Unendlichkeit der Osttiroler Bergwelt bleiben wohl jedem Reisenden für immer in Erinnerung …

INFORMATION

Allgemeines: »Das Nepal Österreichs« nennt sich Osttirol heute gerne und hat damit nicht unrecht. Denn Osttirol und die gesamten Hohen Tauern sind – ähnlich wie Nepal – ein Gebiet der extremen Gegensätze. Die Weite der Pässe und Panoramastraßen, die schattige Kühle seiner tief eingeschnittenen Täler, die unmittelbare Nähe zur allmächtigen Natur der Berge. Osttirol in Stichworten: Es besitzt in Österreich die höchste Durchschnittshöhe (2050 m), die meisten Wasserfälle, den höchsten (Großglockner, 3798 m) und den dritthöchsten Berg (Großvenediger, 3674 m), die Stadt mit den meisten Sonnenstunden (Lienz) und den letzten Nachtwächter in Obertilliach.

Reisezeit: Die Hohen Tauern im Norden, die Lienzer Dolomiten und Karnischen Alpen im Süden schirmen die Region rund um Lienz wirkungsvoll gegen klimatische Unbilden ab. Mild und sonnenreich beginnt der Frühling in den Lienzer Tälern bereits im März, geht ab Mitte Mai nahtlos über in einen prächtigen Alpensommer. Die Großglockner Hochalpenstraße wird ab April mit enormem technischem Aufwand freigeschaufelt und ist ab Mai auch für Motorradfahrer wieder befahrbar. Im Hochsommer wird in Lienz zwar auch einmal die 30-Grad-Marke geknackt, in den Hochtälern und auf den Pässen liegen die Temperaturen zwischen 20 und 25 °C. Der goldene Herbst begeistert ab Mitte September bis weit in den November hinein, die Hochalpenstraße schließt mit Wintereinbruch Anfang November.

Reisedauer und Wegstrecke: Die hier beschriebene Rundtour ist gute 600 km lang und lässt sich nicht zuletzt aufgrund der perfekten touristischen Infrastruktur der gesamten Region sehr leicht in mehrere »Portionen« aufteilen. Als Zeitaufwand mindestens drei Tage ein, besser noch vier.

Die Route im Detail: Ausgehend von Lienz geht es zunächst auf der B 100 durch das Drautal nach Oberdrauburg, dann rechts hinauf auf den Gailbergsattel (981 m, 14 Kehren). Von Kötschach-Mauthen aus geht es über die B 111 nach Hermagor und Pressegger See, sodann via Kreuzbergsattel (1074 m, 9 Kehren) hinüber in das Mölltal sowie über Winklern und Großkirchheim zum Einstieg in die Großglockner Hochalpenstraße (2571 m, 48 Kehren). Über Zell am See und Mittersill erreichen wir die Nordrampe zur Felbertauernstraße (1650 m, 1 Kehre) und die Einstiege zu den ausgeschilderten Osttiroler Tälern Virgen-, Kals und Defereggental. Am Ende des Defereggentales erwartet uns der Staller Sattel (2052 m, 15 Kehren) sowie an dessen Südfuß das Pustertal, das uns retour nach Lienz führt.

Übernachten: Osttirol, Kärnten und das Salzburger Land sind touristisch perfekt erschlossen und erfüllen jegliche Übernachtungswünsche. Von herrlich liegenden Campingplätzen über Pensionen und Gasthöfe, von Ferienappartements auch für Gruppen bis zu Hotels jeglichen Standards. »Biker willkommen«-Schilder finden sich allerorten entlang der gesamten Strecke, eine Vorausbuchung ist selbst zur Hauptreisezeit im Sommer kaum jemals nötig.

Maut: Großglockner Hochalpenstraße (Motorrad): Tageskarte 23 € (ADAC 18 €), 30-Tages-Karte 40 €, Saisonkarte 90 €, Rundfahrtkarte Großglockner–Felbertauernstraße (30 Tage nutzbar) 30 €, Tour-Ticket für Großglockner-, Gerlos- und Nockalmstraße inklusive Sonderpreis auf Villacher Alpenstraße 30 € (ADAC 26 €). Felbertauernstraße (Motorrad): Einzelfahrt 10 €, 1-Tages-Maut 15 €, Jahreskarte 95 €. Kalser Glocknerstraße (Motorrad): Einzelticket (hin + retour) 4 €, Saisonkarte 19 €

Karten: Kümmerly & Frey, Salzburg Süd – Tirol – Osttirol, 1:150 000, Kompass, Straßen- und Panoramakarten Osttirol, 1:150 000

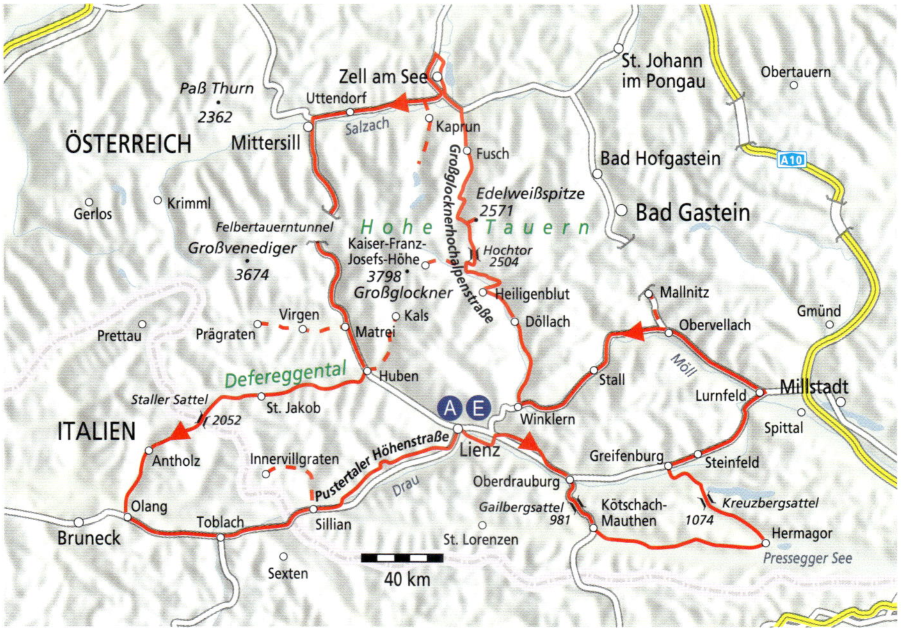

Paradies nicht nur für Offroad-Fans:
Viele Landstraßen Ungarns verlangen ordentlich Federweg.

Ungarns
ganz schön wilder Westen

Westungarn nur mit der Badewanne Plattensee zu assoziieren, wäre schlichtweg fahrlässig. Den entdeckungsfreudigen Biker erwarten urwüchsige Landschaften und geschichtenreiche Städte, in denen die Zeit vor 50 Jahren einfach stehenblieb.

Voraussetzung ist ein Motorrad mit perfekt eingestelltem Fahrwerk und guter Bereifung, denn vor allem die Landstraßen Transdanubiens sind dem Zahn der Zeit beinahe schutzlos ausgeliefert. Bereits unmittelbar hinter der Grenze nach Ungarn beginnt eine andere Welt. Der Kontrast könnte kaum härter sein: Soeben noch das blitzsaubere, ja kehrwochenverwöhnte österreichische Burgenland mit seinen Hügeln und Ansichtskartendörfern, und jetzt geht es auf teilweise üblen Schlaglochpisten vorbei an verfallenen Gehöften und lange schon aufgegebenen Weilern. Zugegeben, das Niemandsland zwischen zwei Staaten mag per definitionem selten hübsch anzuschauen sein, aber hier wo der Eiserne Vorhang Europa noch bis vor ein paar Jahren ganz besonders tief spaltete, hat sich der lang erhoffte Aufschwung ganz offensichtlich mit Grausen abgewendet. Falls Ihnen jetzt wie mir auch erste Zweifel am gewählten Reiseziel kommen, ist das verständlich, aber ebenso absolut unnötig. Versprochen!

Denn bereits wenige Kilometer weiter setzt Sopron einen ersten und höchst sehenswerten Kontrapunkt. Sie ist eine der ältesten Städte Ungarns, erste Quellen erwähnen Sopron bereits um das Jahr 100. Rund um die historische Altstadt quirlt das Leben unter einem prächtigen Sonne-Wolken-Mix und überredet selbst uns Motorradfahrer in voller Montur dazu, bei einem Rundgang die Beine zu strecken und die Gelenke zu lockern. Für die auch nötige Stärkung finden sich in Soprons Altstadt rasch zahlreiche Angebote, sprich Kneipen, Cafés und Restaurants. Direkt in Pápa, im Herzen Transdanubiens, haben wir unser Lager für die anstehenden Traumtouren aufschlagen. Alle Details dazu im Infokasten. Abseits des Mopedsattels erwarten uns hier zudem fast eintausend Jahre Stadtgeschichte sowie zahlreiche Möglichkeiten, die leckere ungarische Küche kennenzulernen. Jeden Abend schlendern wir gemütlich durch das erlebenswerte Zentrum Pápas und genießen Ungarns Gastfreundlichkeit.

Ungarische Vielfalt: In Savar dürfen wir bis zum Schloss vorfahren (unten links). Györs Altstadt (unten rechts) ist ebenso erlebenswert, wie der gewaltige Balaton (oben).

Das Gesicht Transdanubiens wird im Norden geprägt von eben jenem mächtigen Strom, der ihm den Namen gab – der Donau. Über Vaszar, Gecse und Tét führt uns der erste Abschnitt der Reise nach Györ im Donautal, ganz bewusst abseits der Bundesstraßen. Weite, menschenleere Ebenen und merkwürdig einsame Straßendörfer entlang pfeilgerader Pisten wechseln sich ab. Vor allem an Letzteren nagt der Zahn der Zeit schier unerbittlich. Erst Györ bringt pralle Abwechslung. Mitten in der sogenannten »Kleinen ungarischen Tiefebene« gelegen, war Györ einstmals der letzte Vorposten Wiens vor der Türkenfront und dementsprechend militärisch bedeutungsvoll. Nach den Türkenkriegen begann die Zeit des Wohlstands, heute leben hier 130 000 Menschen und allein fünf deutsche Städtepartnerschaften symbolisieren eine mehr als intensive Verbundenheit. Wir wundern uns dementsprechend nicht, dass wir uns beim Rundgang durch die barocke Altstadt sofort wie zu Hause fühlen. Oder auch wie im Herzen Österreichs, denn die herrliche Törtchenauswahl im Café Restaurant Matias in der Baross Gábor utca ist auch für die ungarische Konditorkunst unvergleichlich. Mein Tipp: Auch wenn die Mopedjoppe schon spannt – unbedingt ausprobieren! Sehr lecker!

Die Benediktinerabtei Pannonhalma unweit südlich von Györ ist ein sehenswertes Beispiel für den mittelalterlichen Wohlstand der gesamten Region. Hoch auf einem Hügel gelegen blickt der imposante Sakralbau weit über das auch hier topfebene Land. Die Nebenstraßen fordern nicht nur von den Stoßdämpfern ordentliche Nehmerqualitäten, auch Bikers Rücken ist am Ende eines langen Tourentages porentief dankbar über eine ausgiebige Runde Gymnastik.

Traum nicht nur für Gärtner: Das Esterhazy-Schloss in Fertöd begeistert auch Biker ohne grünen Daumen.

Der anschließende Tourenabschnitt durch den Nordwesten Transdanubiens beginnt erneut mit einem Sammelsurium an winzigen Landstraßen. Über Celldömölk geht es nach Sávár, schnurgerade führen manche Straßen zum Horizont. Etwas eintönig, wären da nicht überall diese beinahe schon geisterhaft verlassenen Dörfer und riesigen Gehöfte, deren Mauern unendlich viel zu erzählen haben. Ach ja, und nicht zu vergessen, diese überall möglichen Offroad-Abstecher. Sie bringen vor allem Enduristen regelmäßig zum Frohlocken. Falls Sie also auch mit einer Enduro unterwegs sind, gönnen Sie sich doch den ein oder anderen Abstecher ins transdanubische Outback. Ich habe kein einziges Fahrverbot entdeckt.

Die Stadt Sávár besitzt auch heute noch eine der ganz wenigen ungarischen Wasserburgen, und wenngleich deren Graben inzwischen zu einem riesigen Park umfunktioniert wurde, reizt mich die gewaltige Bogenbrücke zu einem Ritt bis vor das einstige Burgtor. Eine Abstellmöglichkeit für das Bike ist rasch gefunden. Anschließend schenken wir dem bunten Kern des weithin bekannten Kurortes unsere Aufmerksamkeit und bummeln ein wenig umher.

In Szombathely, unmittelbar an der Westgrenze Ungarns, erinnert heute kaum noch etwas an die Zeiten des Sozialismus, in denen es der Stadt und ihren Menschen aufgrund der Nähe zum Eisernen Vorhang nicht besonders gut ging. Kein Wunder, dass man diese Zeiten nach der Wende so rasch wie möglich aus der Erinnerung tilgen wollte. Das blitzblanke Zentrum mit seinem Springbrunnen in der Fußgängerzone Fö tér lädt uns erneut zu einer Pause, das Moped parkt derweil sicher in einer der Nebenstraßen.

Auch das beschauliche Köszeg direkt im Grenzland zu Österreich lohnt so einen ausgiebigen Boxenstopp. Hier reiht sich sozusagen Einkehrschwung an Einkehrschwung, hier geht niemand hungrig oder durstig von dannen. Vor allem rund um den historischen Hauptplatz, in Sichtweite zur imposanten Herz-Jesu-Kirche, liegen – nicht zu verfehlen – zahlreiche Restaurants, die neben feiner ungarischer Küche auch optische Leckerbissen sind.

Der nächste Abschnitt unserer Rundreise entführt uns dann noch einmal in die beeindruckende Einsamkeit des Grenzlandes zu Österreich, in einem weiten Bogen schwingen wir um Sopron herum und landen schließlich in Fertöd, dem touristischen Pflichtprogramm des Nordwestens. Dessen historischer Schatz ist das berühmte Esterházy-Schloss, eines der schönsten und größten Rokokoschlösser Ungarns. Der imposante Park des UNESCO-Weltkulturerbes ist frei zugänglich, für die lohnende Besichtigung der historischen Hallen und Prunksäle ist ein Obolus zu entrichten. Das Wiener Schloss Schönbrunn stand dem Baumeister einstmals Pate, als er das Esterházy-Schloss entwarf. Der Komponist Joseph Haydn verbrachte so manche Sommer im »ungarischen Versailles«, wie das Schloss gerne auch genannt wird.

> In Szombathely erinnert heute kaum noch etwas an die Zeiten des Sozialismus

Vor allem für heiße Sommertage – von denen es hier zahlreiche gibt – empfehle ich eine Reise an den Plattensee, den berühmten Balaton südlich des Tourenstandortes Pápa. Und auch dieser letzte Abschnitt unserer Reise führt über einsame Landstraßen, über Kup, Nozlop und Devecser irgendwie immer nur grob Richtung Süden. Überall entlang des Weges erzählen »Elado«-Schilder von akuter Landflucht, ja in Úrkút ist sogar eine ganze Tankstelle zu verkaufen … allerdings inklusive unkalkulierbarem Investitionsbedarf. In Veszprém müssen wir uns zwar erst einmal durch ein Konglomerat aus Industrie und Einbahnstraßen kämpfen, das historische Zentrum der Stadt lohnt diese Mühe allerdings ohne jeglichen Zweifel. Bereits vor 6000 Jahren siedelten hier Menschen, im Mittelalter war Veszprém sogar eine der bedeutendsten Städte Ungarns. Davon erzählen heute noch zahlreiche Museen. Direkt vor dem Rathaus gibt es Möglichkeiten das Motorrad zu parken und zu Fuß zu einer Sightseeingtour aufzubrechen. Oder auch einfach nur einen riesigen und günstigen Eisbecher zu ordern.

Der Balaton ist Ungarns berühmtester See. Und der wohl auch bei Einheimischen beliebteste Badesee. Wundern Sie sich also bitte nicht, wenn hier an einem heißen Sommerwochenende das Leben überschäumt, besonders an der Uferstraße entlang des Sees. Mit gut 600 Quadratkilometern ist der Balaton Europas größter und bedeutendster

Unterwegs bei Györ in der »Kleinen ungarischen Tiefebene« (links). Entspannung bieten Städte, wie Savar (rechts).

Gute Vorbereitung ist wichtig: Nicht nur Badehose und Bikini sollten ins Tagesgepäck, auch eine Portion »Feldweg«-Erfahrung ist hilfreich.

Steppensee und mit gerade einmal drei Metern durchschnittlicher Tiefe eine der wärmsten Badepfützen unseres Planeten. Da hält sich der Klimaausgleich in Grenzen. Sein Freizeitwert ist enorm, die Uferlinie allerdings auch so manches Mal überbaut und abgeriegelt, der Zutritt nur gegen eine Handvoll Forint möglich.

Ganz anders hingegen die Halbinsel Tihany, hier gibt es unzählige frei zugängliche Strandabschnitte, an denen auch wir Biker höchst komfortabel sonnenbräunen können. Tihany selbst schnürt den See bis auf gut einem Kilometer Breite zusammen, die Halbinsel ist reich an historischen Denkmälern. Die Gründungsurkunde Tihanys gehört zu den bedeutendsten ungarischen Zeitdokumenten, werden hierin doch viele Siedlungen des Landes erstmals erwähnt. Wen wundert's da, dass der gleichnamige Ort vor allem im Sommer das Ziel unzähliger Reisebusse ist.

Deutlich ruhiger geht es dann entlang des restlichen Balatonnordufers zu. Auf der Bundesstraße 71 schwingen wir stets auf Sichtweite zum Wasser nach Westen, vorbei an Campingplätzen, Gasthöfen, Hotels und Hunderten von Einkehrmöglichkeiten. Kurz vor Keszthely am Nordwestzipfel des Sees setzen wir den Blinker wieder gen Norden, es geht retour in die Hügel, zurück in die Einsamkeit des Hinterlandes. Unmittelbar nachdem der See im Dunst der Ferne verschwunden ist, herrscht wieder freie Fahrt. Allerdings auf eher mittelmäßig guter Piste geht es durch verschlafene Weiler und typische Straßendörfer, nur die Störche schauen uns aus der luftigen Höhe ihrer Nester zu und wundern sich vermutlich über Biker aus Deutschland. Denn die sind in Transdanubien immer noch eine echte Seltenheit, obwohl so eine Reise fahrerisch abwechslungsreicher und historisch wertvoller kaum sein könnte. Und auch gegensätzlicher – aber ist das nicht einer der ungeheuren Reize des Motorradreisens …

INFORMATION

Allgemeines: Als Transdanubien, also »Jenseits der Donau« werden die südwestlich der Donau gelegenen Regionen Ungarns bezeichnet. Hier finden sich üppige Wälder, endlose Ebenen und Seen sowie Städte und Dörfer mit jahrhundertealter Geschichte. Bis zu 6000 Jahre reichen die Wurzeln der Region zurück, vor allem die Städte, wie Györ, Sopron, Szombathely, Veszprém, Pápa und auch Fertöd erzählen mit ihren historischen Zentren gerne von längst vergangenen Tagen. Aber auch in den einsamen Dörfern entlang des Weges liegen viele Perlen der Geschichte hinter bröckelnden Mauern und rostenden Zäunen versteckt und warten nur darauf, entdeckt zu werden. Manchmal sogar mit dem Schild »elado« – zu verkaufen.
Ein Mix aus perfekt asphaltierten Bundes- und stümperhaft geflickten Landstraßen fordert von Bike und Biker nicht nur volle Konzentration, sondern im Hinblick auf den transdanubischen Verkehr rund um die wenigen Städte auch etwas Routine, der ungarische Autofahrer drängelt gerne. Dafür haben Sie die oftmals pfeilgerade zum Horizont führenden Nebenstrecken ganz für sich allein, diese Rüttelstrecken meiden Autofahrer weitgehend. Enduristen kommen voll auf ihre Kosten, die Pisten sind leicht bis mittelschwer.

Reisezeit: Ungarn ist geprägt von gemäßigtem Kontinentalklima mit geringen Niederschlägen, heißen Sommern und kalten Wintern. Der Motorradfrühling in Transdanubien beginnt ab Anfang Mai mit meist beständigen Hochdrucklagen, im Sommer klettert das Thermometer rund um den Balaton auch immer wieder auf deutlich über 30 °C, die beste Reisezeit endet im Grunde erst mit Einsetzen der Regenperioden im November.

Reisedauer und Wegstrecke: Die Gesamttour ist gut 750 km lang und lässt sich recht leicht auf drei Etappen aufteilen. Der Zeitaufwand ohne Anreise beträgt mindestens drei Tage.
Die Route im Detail: Ein Navigationssystem – unbedingt mit aktuellem Kartenmaterial – ist zu empfehlen, da die veralteten Straßenkarten Ungarns viele Pisten gar nicht abbilden. Von Pápa führt die Tour über Vaszar, Tét, Koroncó nach Györ, sodann über Pannonhalma nach Kisbér, Csesznek und Gic retour nach Pápa. Weiter geht es Richtung Westen über Celldömölk nach Sárvár, Szombathely sowie Köszeg. Über das Umland von Sopron sodann nach Kapuvár und über winzige Landstraßen nach Pápa. Der Ausflug an den Balaton führt zunächst über Varoslöd und Ajka nach Veszprém, dann an das Nordufer des Plattensees und dort entlang gen Südwesten über Balatonfüred nach Tihany und Balatonakali. Ab Badacsony geht es erneut zurück ins Hinterland und über Tapolca und Devecser nach Pápa.

Übernachten: Gasthöfe, Hotels jeglichen Standards sowie Ferienappartments sind rund um den Balaton zuhauf zu finden. Sogar in der Hauptreisezeit August mit oftmals freien Zimmern. Abseits der bekannten touristischen Ziele – Sopron, Köszeg, Györ, Pápa und auch Szombathely – geht das Übernachtungsangebot allerdings rasch gegen null, hier helfen gut strukturierte Hotelsuchportale im Internet.
Von Mai bis September empfehlen sich rund um den Balaton auch herrlich gelegene Campingplätze als zentrale Standorte für Exkursionen. Und in Pápa liegt sogar Ungarns modernster Platz mit direktem Thermalbadanschluss. Eine Wohltat für Bikers Rücken.

Maut: Die 10-Tages-Vignette in Österreich kostet für Motorräder 4,80 €. Die ungarische Autobahnmaut ist für unsere Tour ohne Bedeutung.

Karten: Marco Polo, Reiseatlas Ungarn, 1:300 000

Der Wüstenwind Bora sorgt im Winter dafür, dass eine Seite der Felsen ohne Vegetation bleibt.

Von der Halbinsel Istrien bis nach Dubrovnik

Eine der schönsten Küstenstraßen Europas führt an der kroatischen Küste entlang. Kurven ohne Ende, auf der einen Seite die Berge und auf der anderen Seite fast immer das Meer im Blick – was will man als Motorradfahrer mehr?

Gigi räumt ihre Tonne auf. Alte Lappen werden aus dem Weinfass herausgeschleudert. Und dann kommt Gigi doch wirklich mit einer Bratpfanne an. Ob Schweine Ironie verstehen? Die Haus- und Hofsau Gigi hat eine Bratpfanne als Spielzeug, weil man damit so schön rappeln kann. Wir sind im Norden Istriens, bei Momjan, einem kleinen Dorf nahe der slowenischen Grenze und nicht weit von Umag, das vom Berg herunter am Meer zu sehen ist. Unser Quartier ist ein Agroturizam, also so etwas wie eine Pension auf einem Bauernhof. Gigi darf hier frei herumlaufen, keine Kette und kein Zaun hindert die freundlich mit dem Ringelschwänzchen wedelnde Sau daran, unsere Motorräder zu beschnüffeln. »Sie bewacht die Motorräder gut«, sagt uns der Wirt, während wir uns gemütlich an Käse, Schinken und Wein aus dem hauseigenen Weinkeller stärken.

Mit der Beschaulichkeit ist es vorbei, als wir Poreč besuchen. Hier an der Küste der Halbinsel Istrien sind auch so früh im Jahr schon viele Urlauber unterwegs. Die Tische in der Sonne vor den Restaurants sind gut besetzt. Und Motorräder sind auch auf den Straßen. Wir sehen dänische und österreichische Kennzeichen, aber wenig deutsche Bleche. Bevor wir ins Inland abbiegen, besuchen wir noch den Limski Kanal, einen schmalen Fjord, und die Stadt Rovinj. Alles sehr proper hier, aber das große Fahrvergnügen stellt sich noch nicht ein, weil zu viel Ausflugsverkehr herrscht.

Hinter Barban geht es auf die Küstenstraße nach Opatija. Die Kurven über dem Meer geben uns einen ersten Eindruck davon, was

Poreč ist eine freundliche Kleinstadt auf der Halbinsel Istrien, ideal für einen Kaffeestopp.

uns in den kommenden Tagen erwartet: Fahrspaß pur! Über der Kvarner-Bucht leuchtet der Himmel stahlblau und wolkenfrei. Zu Zeiten der K.-u.-k.-Monarchie haben die Österreicher in Opatija üppige Hotels gebaut, der Ort stieg zum österreichischen Seebad Nummer eins auf. Die Mischung aus Palmen am Ufer und leicht morbiden alten Hotels lässt ahnen, warum der Ort so beliebt war und nach wie vor ist. Auch das benachbarte Lovran hat viel Charme.

Nach einer Nacht in Crikvenica geht's auf die Küstenstraße gen Süden. Strahlender Sonnenschein und wenig Verkehr. Dazu kaum Ortschaften. Die Kurvenradien sind ideal, um eine flotte Linie zu fahren. Nicht zu eng und nicht zu weit. Rechts das Meer, links die Berge und immer der Sonne entgegen – spontan bin ich der Meinung, die Strecke zwischen Rijeka und Dubrovnik sei eine der schönsten Küstenstraßen, die ich je gefahren bin. Über eine so lange Strecke fast immer am Meer entlang? Das ist wirklich selten.

Nur die Ausschilderung ist etwas gewöhnungsbedürftig: Durch manch belebte Ortschaft darf man mit 70 km/h fahren, aber vor harmlosen Kurven außerorts steht ein Tempo-50-Schild. Das gucke ich mir nicht lange an: In den Orten mit erhöhter Aufmerksamkeit mitschwimmen und außerorts laufen lassen, das funktioniert. Der Asphalt ist schließlich gut und trocken, und die Strecke ist wie gebaut für Motorradfahrer. In Karlobag stehen die Motorräder in dichten Reihen vor den Cafes und Bars. Wir haben aber noch etwas Strecke vor uns, denn wir wollen nach Trogir, also gibt es keinen Stopp.

Über der Kvarner-Bucht leuchtet der Himmel stahlblau und wolkenfrei

Die von einer Stadtmauer umschlossene Altstadt von Trogir war schon zu Zeiten der Griechen, etwa 300 v. Chr., ein bedeutender Handelsort. Zerstört, erobert und wieder aufgebaut steht der historische Kern von Trogir heute als UNESCO-Welterbe unter Schutz. Mir ist nicht ganz wohl bei dem Gedanken, die Motorräder einfach außerhalb der Stadtmauer auf einem der zahlreichen Parkplätze für Roller und Motorräder abzustellen, aber ich habe auch keine Lust, den weiter entfernten Hotelparkplatz zu benutzen. So haben wir nur wenige Meter bis ins Gassengewirr von Trogir. Ich suche noch nach Schildern, da stehe ich auch schon vor dem Hotel. Vom Zimmer ein toller Blick über die Dächer und Hinterhöfe, unter uns das Restaurant – wir sind mitten im Leben von Trogir angekommen. Welch tolle Stadt: Von Wasser und alten Mauern umgeben und ein Restaurant neben dem anderen. Erst einen Kaffee, danach einen Caipirinha und zum Essen einen guten Wein. Natürlich mit Blick auf die Promenade und das Wasser – es geht uns saugut. Die laue Nacht senkt sich über Trogir, es wird nicht richtig kühl.

Je länger wir in Kroatien sind, umso besser gefällt es uns. Die Orte und die Küste

Am Hafen von Rovinj ist der italienische Einfluss gut zu spüren. Die Region gehörte lange zu Italien. Links oben sehen wir Gigi, das Hausschwein bei Momjan.

Manchmal macht es auch zu Fuß Spaß: Bar über dem Meer außerhalb der Stadtmauer von Dubrovnik. Abseits der Küste geht es durch blühende Mohnwiesen.

sind nicht mit Bettenburgen zugebaut, sie haben eine angenehme Größe. In fast allen Restaurants wird Deutsch gesprochen, oder zumindest die Karte ist auf Deutsch. Sie waren als Gastarbeiter, wie es früher hieß, und als Flüchtlinge in Deutschland und sind zurückgekehrt. Jetzt betreiben sie Restaurants und Hotels wie der freundliche ältere Herr, der uns in perfektem Deutsch bei Roski Slap im Nationalpark Krka Schinken und Oliven als kleine Mittagsmahlzeit empfiehlt.

Wir haben von der Küste bei Šibenik einen Abstecher gemacht zu dem Nationalpark Krka und sind einfach dem Schild mit dem Wasserfallsymbol gefolgt. Wasserfall? Hier? Glaube ich nicht so richtig! Unvermittelt geht es aus der kargen Ebene in ein paar kleinen Serpentinen hinab zu einem See. Der Wasserfall entpuppt sich als Stromschnelle, die zwei Seen miteinander verbindet. Hübsch grün ist hier alles, während es oben auf der staubigen Ebene aussieht wie in einem Western. Wir haben es uns auf der Terrasse des Restaurants am See bequem gemacht. Der Wirt erzählt, dass hier der Winnetou-Film »Im Tal des Todes« gedreht wurde. Dazu quaken unten im See die Frösche um die Wette.

Nachdem wir wieder im Sattel sitzen und das andere Ufer auf unseren Stahlrössern erklommen haben – Winnetou ist noch mit uns – folgt die nächste kleine Überraschung: Die auf der Karte ausgeguckte Abkürzung entpuppt sich als eine furchtbar staubige Schotterpiste. Ideal für Filmaufnahmen mit der Postkutsche! Muss ich heute trotzdem nicht haben, weil wir danach sicher wie paniert aussehen. Wir kneifen und bleiben auf Asphalt.

An der Maskarska Riviera hat uns die Küstenstraße 8 wieder. Sie ist nicht mehr ganz so perfekt wie im nördlichen Abschnitt, aber immer noch wie gemacht für Motorradfahrer. In Ploče bietet sich die Fähre hinüber nach Trpanj an. Damit umfährt man das kleine Stück Bosnien-Herzegovina, durch das die Küstenstraße führt. Hinweg über Bosnien, Rückweg über die Halbinsel Pelješac und die Fähre, entscheiden wir, dann fährt man den Teil der Strecke nicht doppelt. Unser Ziel ist Dubrovnik, dessen Altstadt befestigt halb im Meer liegt. Was für eine traumhafte Lage! Die Motorräder bleiben am Hotel stehen, wir gehen zu Fuß auf Entdeckungstour durch die autofreie Altstadt. In einer Gasse abseits des Touristenrummels entdecken wir ein von Hand geschriebenes Schild, das zu einer Lücke in der Stadtmauer weist. Volltreffer: Von außen klebt im Hang an der Stadtmauer eine Freiluftbar, direkt über dem Meer. Zeit für einen Drink. Man könnte ja glatt auf das Schwein anstoßen: Hallo Gigi – mal wieder Schwein gehabt mit dem Wetter, was?

INFORMATION

Allgemeines: Kroatien ist seit dem 1. Juli 2013 Mitglied der EU, hätte es von seiner wirtschaftlichen Entwicklung her aber schon viel früher werden müssen, wenn man es mit Bulgarien oder Rumänien vergleicht. Die Währung heißt Kuna, teilweise werden auch Euro akzeptiert.

Anreise: Am schnellsten kommt man über die mautpflichtigen Autobahnen in Österreich und Italien nach Kroatien. Die italienische A40 führt bis nach Triest, von dort muss man einen Zipfel Slowenien durchqueren, um die Halbinsel Istrien zu erreichen oder kann über die Straßen 7 und 8 direkt nach Rijeka fahren. Wer mehr Zeit hat, kann auch von Kärnten aus quer durch Slowenien fahren. Die Entscheidung, ob Autobahn oder Landstraße genutzt wird, muss man im Raum Villach in Kärnten treffen.

Reisezeit: Frühling und Herbst sind die besten Reisezeiten, wenn der Sommer nicht gar zu heiß wird, kann man auch im Juli und August unterwegs sein. Vorsicht ist mit dem Wetterphänomen Bora geboten: Dieser kalte, sehr böige Fallwind kann Spitzengeschwindigkeiten von bis zu 200 km/h erreichen. Im Sommer tritt der Wind meist nur für wenige Stunden auf, selten für einen ganzen Tag. Im Winter kann er schon mal mehrere Tage blasen. Das kann dazu führen, dass die Küstenstraße in dem Sturm besonders ausgesetzten Teilen kurzfristig gesperrt wird.

Reisedauer und Wegstrecke: Die Dauer der Reise sollte in erster Linie von der An- und Abreise abhängig gemacht werden. Die eigentliche Strecke zwischen Istrien und Dubrovnik kann in drei bis vier Tagen gefahren werden. Mit ein paar Abstechern und etwas Besichtigungsprogramm wird daraus aber auch leicht eine Woche.
Im Wesentlichen fährt man dieselbe Strecke hin und zurück. Bei der Strecke gibt es aber wirklich schlimmeres, als sie zwei Mal zu fahren. Varianten durch das Inland oder über die Inseln sind teilweise möglich. Pro Weg ca. 800 km.

Die Route im Detail: Umag – Poreč – Rovinj – Barban – Lovran – Opatija – Rijeka
Ab Rijeka Str. 8: Crikvenica – Senj – Karlobag – Starigrad – Zadar – (Abstecher Insel Murter) – Vodice – Šibenik – (Abstecher Nationalpark Krka) – Primošten – Trogir – Split – Makarska – Ploče (Fähre nach Trpanj oder über Land) – Dubrovnik

Übernachten: Auf der Halbinsel Istrien gibt es von Urlaub auf dem Bauernhof über Campingplätze und Pensionen bis hin zu Hotels eine große Auswahl an Unterkünften. Zwischen Rijeka und Dubrovnik wird es etwas weniger, aber in den meisten Orten findet sich ein Hotel. Die Preise sind moderat. Einzige Ausnahme: Die Hotels direkt in der Altstadt von Dubrovnik sind teuer. Geht man aber in das Hotelviertel, das ca. 45 Minuten zu Fuß entfernt liegt, sieht es gleich ganz anders aus. Wer auf Nummer sicher gehen will, bucht eine Rundreise über einen Motorradreiseveranstalter.

Maut: Die Autobahnen in Kroatien sind mautpflichtig. Auch auf der Straße B8 gibt es eine Mautstelle am Tunnel Ucka, die Beträge sind für Motorräder aber verschwindend klein. Tipp: Kleine Münzen bereithalten.

Karten: Freytag & Berndt, Kroatiens Küste im Maßstab 1:200 000 deckt die komplette Tour von Istrien bis Dubrovnik ab.

In Transsylvaniens beeindruckender Landschaft sind nicht nur motorisierte Verkehrsteilnehmer unterwegs.

Transsylvanische Superlative

Über die höchsten Berge der Karpaten führt die Transfăgărăşan-Hochstraße. 90 Kilometer, die nur wenige Wochen im Jahr befahren werden können.

Das ist besser als das Stilfser-Joch … dies sei die beste Straße der Welt, rief Jeremy Clarkson begeistert aus, als er seinem hochkarätigen Sportwagen auf der rumänischen Transfăgărășan die Sporen gab.

Der schlagkräftige Entertainer Jeremy Clarkson und seine zwei Kollegen von der britischen Motorshow Top Gear hatten sichtlich Spaß, als sie ihre drei Wagen über den transsylvanischen Asphalt driften ließen. Driften werden wir wohl kaum, aber genießen ganz sicher, wenn wir diese spektakuläre Straße mit ihren vielen Serpentinen während unserer Rumänientour unter die Räder nehmen.

Es gibt kaum eine bessere Zeit als den Juni, um durch das rumänische Transsylvanien – wörtlich übersetzt »jenseits des Waldes« – immer entlang des Karpatenbogens zu touren. Dieser Gebirgszug zieht sich wie ein stark gekrümmter Bumerang 1300 Kilometer durch den Osten Mitteleuropas. Links und rechts flankiert von hohen Felswänden, durchqueren wir die Karpaten zusammen mit dem lehmigen Olt. Von Norden kommend schlängelt sich die Straße an dem bräunlichen Fluss entlang, der in den Ostkarpaten entspringt, die Karpaten am Pasul Turnu Roșu (Roter-Turm-Pass) durchschneidet und im Süden in die Donau mündet.

Es geht auf den Abend zu. Auf einem schattigen Parkplatz spricht uns ein junger Mann an: »Grüß Gott!«. Hat uns jemand heimlich »bayrische Einwohner« auf die Stirn tätowiert? Jedoch hat der höfliche Dorfbewohner wohl einfach nur unsere Diskussionen bezüglich der Unterkunftssuche verfolgt. Wir sind erst einmal baff, denn wir hatten nicht damit gerechnet, bei den Siebenbürger Sachsen ein so gut verständliches Deutsch zu hören. Wobei die Sachsen keine Sachsen in unserem Sinne sind. Sie nennen sich selbst so, weil die Ungarn alle Menschen deutscher Sprache als Saxones/Sachsen bezeichneten. Die deutschsprachigen Neubürger hatten diese Bezeichnung einfach übernommen, als der ungarische König Geysa II. sie um 1150

Über Siebenbürgen hängen oft Wolken und diese führt direkt in sie hinein. Daher ihr Spitzname: »Straße in die Wolken«.

An der Passhöhe werden hausgemachte Spezialitäten verkauft. Das Angebot reicht vom hochprozentigen Schnaps bis zum deftigen Käse.

ins Land rief, damit sie das bisher dünn besiedelte Land gegen die ständigen Angriffe der Mongolen und Tartaren verteidigen konnten.

Der junge Mann beschreibt in fast perfektem Deutsch den Weg nach Cisnădioara, für uns besser auszusprechen ist Michelsberg. Dort finden wir eine nette Pension und einen Ort mit deutlich deutscher Prägung. Die meisten bäuerlichen Anwesen sind adrett hergerichtet, doch das eine oder andere hätte dringend diverse Reparaturen nötig: die Farbe blättert von den Fenstern, das Mauerwerk ist stockfleckig und das große Hoftor hängt fürchterlich schief in den Angeln. Wir erklimmen den 70 Meter hohen, gleichnamigen Hügel, auf dem eine romanische Kapelle steht. Der Schlüssel dafür ist bei einer ebenso perfekt deutsch sprechenden Dame im Dorf erhältlich. Von hier aus schweift der Blick weit zu den schneebedeckten Gipfeln der Karpaten.

Wir hatten nicht damit gerechnet, bei den Siebenbürger Sachsen ein so gut verständliches Deutsch zu hören

Am nächsten Morgen nehmen wir die höchste Straße Rumäniens unter die Räder! Die etwa 90 Kilometer lange, spektakuläre Hochgebirgsstraße Transfăgărăşan mit der Straßennummer DN7C führt mitten durch das Făgăraş-Gebirge, dem alpinsten Teil der Südkarpaten. Sie wurde 1974 unter Ceauşescu als Prestigeobjekt von Zwangsarbeitern in viereinhalbjähriger Rekordzeit gebaut und verbindet die Region Transsylvanien im Norden mit der Walachei im Süden. Sie hatte wohl neben einem touristischen auch einen militärischen Zweck.

Schon früh sind wir in Cisnădioara abfahrtsbereit, um einen kleinen Temperaturvorsprung zu haben. Die Sonne sendet ihr freundlichstes Lachen vom Himmel und wird uns tagsüber bestimmt wieder kräftig einheizen. Wir nähern uns dem Făgăraş-Gebirge von Norden her auf kleinsten Straßen.

Abseits der Hauptrouten bieten die Dörfer interessante Einblicke in die ursprüngliche Lebensart ihrer Bewohner. Hier scheint die Zeit stehengeblieben zu sein. Vor den Häusern laden kleine Bänkchen zu einem gemütlichen Schwatz mit den Nachbarn ein. Eine junge Frau in traditioneller Kleidung zieht aus dem Ziehbrunnen vorm Haus einen Eimer Wasser zum Kochen. Hühner und Gänse bevölkern die Dorfstraße und nehmen schnatternd Reißaus, sobald sich ein Fahrzeug nähert.

Schließlich biegen wir auf die Transfăgărăşan ein. Endlich. Die längste und höchste Bergkette der Karpaten mit ihren

Der Gletschersee Balea Lac. Hier auf der Passhöhe hält sich der Schnee noch bis weit in den Sommer, schließlich befindet man sich oberhalb der 2000 m-Grenze.

acht Zweitausender-Gipfeln, von den Siebenbürgern die »Fogarascher Berge« genannt, schimmert in der Ferne im blauen Dunst. Ein großes Schild am Straßenrand verkündet: »Deschis« – Geöffnet.

Aufatmen! Bei einer Fahrt im Juni braucht man eines: gutes Wetter! Offiziell ist die Transfăgărășan-Panoramastraße erst ab 1. Juli geöffnet und man kann nicht sicher sein, sie schon jetzt geöffnet vorzufinden. Im Winter benutzt man die Straße am Olt, auf der wir aus der Walachei gekommen sind. Aber bei guter Wetterlage und mit Glück ist die Transfăgărășan schon vorher befahrbar. Und dieses Glück haben wir!

Wir biegen bei Cârțișoara rechts ab, hier führt ein leicht fahrbarer Schotterweg zum Kloster St. Peter und Paul. Nach kurzer Fahrt entdecken wir am Fuße des Făgăraș-Gebirges eine malerische Kirche. Das Kloster St. Peter und Paul wurde um das Jahr 1400 erbaut, jedoch 1761 durch österreichisch-kaiserliche Truppen zerstört. In den 1990er-Jahren wurde es wieder aufgebaut und dient heute einem Dutzend Nonnen als Heimstatt. Gerade findet eine Messe statt und aus der Kirche ertönt Gesang. Eine schwarz verhüllte Nonne trommelt in einem offenen Pavillon auf drei hängenden Klangbrettern ein wildes Stakkato. Wir stören nicht weiter und ziehen so leise wie möglich wieder von dannen.

Weiter oben, wo das Asphaltband, hier mittlerweile auf griffigem Belag, in Serpentinen bergan zieht und sich durch die Felsdurchbrüche Poarta Geniștilor und Poarta Întâlnirii quetscht, erreichen wir ein Hochtal oberhalb der Baumgrenze. Der gute Zustand des Straßenbelags ist darauf zurückzuführen, dass die Straßenverbindung für jeglichen Schwerverkehr gesperrt ist. Eins fällt hier also flach: Hektische Überholmanöver langsamer Fahrzeuge! Gemütliches Cruisen ist angesagt!

»Straße in die Wolken« (nein, das ist kein grammatikalischer Fehler) nennen die Einheimischen diesen Abschnitt, da die Straße manchmal geradewegs in die über dem Tal wabernden Wolken strebt.

Fahrradfahrer quälen sich den Berg hinauf und werden von Heerscharen kleiner, schwarzer Fliegen verfolgt. Die Quäl-dich-Jünger strampeln inmitten einer schwarzen Wolke, die um ihren Oberkörper und den Kopf schwirrt. Auch wir werden von den fliegenden Monsterchen sofort okkupiert, als wir langsam fahren und schließlich anhalten. Es sind vermutlich (ach was – es sind ganz sicher!!!) transsylvanische Minivampire. Diese werden nur 3 Millimeter groß. Noch nie was davon gehört? Wer's nicht glaubt – hinfahren und nachschauen!

Vier Meter hohe Schneewände begrenzen jetzt die Straße und engen die Fahrbahn auf eineinhalb Spuren ein. In einer Höhe von

2042 Metern erreichen wir den Scheitelpunkt der Route und parken das Motorrad zwischen großen Schneehaufen, während auf den Hängen über uns Ski- und Snowboardfahrer ein letztes Mal zu Tal rauschen. Es ist 10 Uhr und der Rummel hält sich – noch – in Grenzen.

Hier oben liegt der Bâlea Lac, ein in unergründlichem, tiefem Blau leuchtender Gletschersee. Auf einer kleinen Halbinsel im See befindet sich die bewirtschaftete Bâlea-Hütte. Einige Souvenir- und Imbissstände haben auch schon aufgebaut. Muss man hier etwas kaufen? Das sollte jeder selbst entscheiden, denn es locken hier viele Leckereien. Unbedingt kosten sollte man die Spezialität der Region: den Brânză în coajă de brad – wow, was für ein Name! Die braune Kugel oder Tonne ist ein gesalzener Schafskäse, der in frische Tannenrinde eingewickelt und eingenäht wird. Der Käse nimmt die Aromastoffe der Rinde auf und bekommt dadurch einen sehr würzigen Geschmack.

Nachdem wir genug vom Souvenirrummel haben, schwingen wir uns wieder in den Sattel und passieren den unbeleuchteten Scheiteltunnel, der mit 884 Metern den längsten Tunnel Rumäniens darstellt.

Die Straße senkt sich hinab in den Süden. Nicht mehr so spektakulär und mit weniger Serpentinen als auf der Nordseite, aber immer noch herrlich anzuschauen und zu fahren. Zahlreiche Autofahrer haben jedes kleine Fleckchen am Straßenrand zum Parken genutzt und veranstalten in der reinen Höhenluft ein Picknick. Picknicks sind augenscheinlich eines der beliebtesten Freilufthobbys der Rumänen. Egal, in welchen Landstrich Rumäniens wir kommen, immer sehen wir zahlreiche Straßenrandcamper. Die Rumänen parken überall dort, wo ein Auto an den Wald- oder Wiesenrand passt und packen eine Decke, Liegenstühle und – ganz wichtig – einen Grill aus. Da stört es nicht, dass die anderen Verkehrsteilnehmer in zwei Metern Entfernung am Grillfleisch vorbeirauschen.

Die traumhafte Streckenführung verleitet zu ausgiebigen Fotopausen, Picknicks und nicht zuletzt zu gemütlichem Cruisen.

Die Panoramastraße wartet mit einigen Superlativen auf: Sie ist der zweithöchste asphaltierte Punkt im rumänischen Straßennetz und besitzt den längsten Tunnel des Landes.

Im Frühsommer steht oft nur die Hälfte der Fahrbahn zu Verfügung, weil die andere Hälfte noch von Schneemassen eingenommen wird.

Auf der Südseite liegt der Lacul Vidruru, ein 30 Kilometer langer See mit dem zweitgrößten Staudamm Rumäniens. Eine Kurve nach der anderen, kilometerlang. Aber der See versteckt sich großteils hinter dem dichten Karpatenmischwald, und der Straßenbelag ist bei weitem nicht mehr so gut wie jenseits der Passhöhe. Nach einigen Kilometern zieht es uns zurück. Wir müssen diese wild in Schleifen gelegte Straße einfach noch einmal in die andere Richtung hinunterwedeln!

Als wir den Tunnel ein zweites Mal durchquert haben, ist an der Hütte und den Souvenirständen schon deutlich mehr los. Überall wild parkende Autos. Auch ein paar Motorradfahrer sind mittlerweile wach geworden und haben den Weg nach oben gefunden.

Wenige Meter tiefer scheren sich drei mutterseelenallein auf der Fahrbahn herumspazierende Esel einen Dreck um andere, motorisierte Verkehrsteilnehmer. Unbeirrt setzen sie ihren Weg fort und alle Fahrzeuge kurven gezwungenermaßen um sie herum. Weit und breit ist kein Mensch zu sehen, dem die Esel wohl gehören. Anders ist das bei den großen Schafherden – die Hirten dirigieren die Vierbeiner geschickt an die Hänge am Straßenrand.

Wir sahen noch nie so viele Esel, Schafe, Pferde und Ziegen auf den Straßen wie in Rumänien! Und wenn auch die Straßenbeschaffenheit oft große Ansprüche an Mensch und Maschine stellt, so haben wir uns selten so willkommen gefühlt wie in diesem ursprünglichen Land. Wir halten uns nun nicht mehr weiter auf. Denn Transsylvanien bietet noch mehr sehenswerte Strecken – da gibt es noch einiges zu entdecken. In den nächsten Tagen vergnügen wir uns auf der Kurvenschaukel inmitten der 2500 Meter hohen Berggipfel der Piatra Craiului, des Königstein-Gebirges, und in den Bucegi-Bergen. Hier könnte man glatt seekrank werden!

INFORMATION

Allgemeines: Die Anreisestrecke aus Deutschland bis zur rumänischen Grenze umfasst je nach Startpunkt zwischen 950 und 1400 km. Über Rumänien existieren mehr Gerüchte als Kenntnisse, aber wer dorthin reist, fühlt sich gut aufgehoben und in ländlichen Gebieten wie bei einer Zeitreise um 100 Jahre zurückversetzt. Die Menschen sind äußerst gastfreundlich und hilfsbereit. Von sanften Ebenen bis zu hochalpinen Gebirgszügen lassen sich große landschaftliche Kontraste erleben.

Reisezeit: Die beste Reisezeit ist Mai/Juni und September/Oktober. Die Temperaturen steigen im Frühsommer noch nicht über 30 °C, der Sommer dagegen ist sehr heiß und erst die Herbstmonate bieten wieder ein angenehmes Motorradwetter mit geringer Regenwahrscheinlichkeit.

Reisedauer: Man sollte Zeit mitbringen! Rumänien ist groß und außer der Transfăgărășan gibt es unendlich viele Sehenswürdigkeiten, angefangen von schönen, alten Städten über einzigartig bemalte Klöster bis zu uralten Dampfeisenbahnen auf Gleisen aus dem vorletzten Jahrhundert.

Die Route im Detail: Die Transfăgărășan verbindet Siebenbürgen/Transsylvanien im Norden mit der Walachei im Süden. Die rund 90 km lange Straße mit der Nummer DN7C zweigt an der Nationalstraße DN1 bei Cârțișoara ab und endet in der Gemeinde Bascov im Kreis Argeș. Sie ist offiziell vom 1. Juli bis zum 30. September geöffnet. Wenn das Wetter es zulässt, ist sie auch schon eher befahrbar. Nur die Schilder an der Straße informieren über die Öffnung, von offizieller Seite gibt es dazu keine Informationen. Die Webcams am Balea Lac (z. B. www.roxy-world.ro) bieten jedoch noch eine Möglichkeit, sich kurzfristig über das Wetter dort oben zu informieren.

Übernachten: Man erwartet in Rumänien Plumpsklos auf dem Hinterhof und Wasser nur aus dem Ziehbrunnen ... Aber dem ist nicht so. Wenn man die reichlich vorhandenen Pensionen und Hotels ansteuert, findet man annähernd westeuropäischen Standard zu günstigen Preisen. Auch ohne Reservierung findet man immer ein Zimmer. Privatzimmer sind mit »Cazare« ausgeschildert, mit »Hotel« und »Pensiune« der Rest. Beim Standard stehen die Pensionen den Hotels in keiner Weise nach. Es gibt auch Campingplätze, deren Ausstattung aber immer noch sehr stark variiert. Wildes Zelten ist in Rumänien zwar nicht ausdrücklich verboten (außer in einigen Naturschutzgebieten), aber es wird aus Sicherheitsgründen davon abgeraten. Es ist möglich, an Bauernhöfen zu fragen, ob man dort gegen einen geringen Obolus zelten darf. Manchmal können die sanitären Einrichtungen des Hauses mitbenutzt werden. Wer doch einmal in Verlegenheit kommt, in der Karpatenwildnis zu zelten, sollte wegen der zahlreichen Braunbären keinen Proviant in oder am Zelt lagern, sondern diesen hoch in die Bäume hängen.

Tipp: Die malerischste Übernachtungsmöglichkeit dürfte man in der Hütte am Bâlea Lac am Scheitelpunkt der Transfăgărășan finden. Die Preise in der Cabana (rumänisch: Hütte) sind zwar etwas höher als in anderen rumänischen Unterkünften, aber dieser Mehrpreis, welcher der herrlichen Lage am Gletschersee in 2042 Metern Höhe geschuldet ist, lohnt sich.

Karten: Reise Know-How Verlag, Landkarte Rumänien – Moldau, Maßstab 1:600 000, reißfestes Material
Mehr Infos zur Tour incl. DVD:
www.bikerdream.de

REGISTER

IMPRESSUM

Verantwortlich: Claudia Hohdorf
Lektorat: mcp concept Susanne Kraus, Kolbermoor/Rosenheim
Layout: Elke Mader, München
Kartografie: Heidi Schmalfuß, München
Repro: Repro Ludwig, Zell am See
Herstellung: Anna Katavic
Printed in Italy by Printer Trento

Unser komplettes Programm finden Sie unter:

www.bruckmann.de

Alle Angaben dieses Werkes wurden von den Autoren sorgfältig recherchiert und auf den aktuellen Stand gebracht sowie vom Verlag geprüft. Für die Richtigkeit der Angaben kann jedoch keine Haftung übernommen werden.

Bildnachweis:
Alle Bilderim Innenteil stammen von den jeweils bei der Tour angegebenen Autoren, mit Ausnahme von: Max Schröder, S. 16, 18 .

Umschlagvorderseite: Sonnenaufgang in Deutschland (Hans Michael Engelke)
Umschlagrückseite: Auf den Lofoten ragen die berge schroff aus dem Nordmeer empor (Tour1).

Sind Sie mit diesem Titel zufrieden? Dann würden wir uns über Ihre Weiterempfehlung freuen.
Erzählen Sie es im Freundeskreis, berichten Sie Ihrem Buchhändler, oder bewerten Sie bei Onlinekauf. Und wenn Sie Kritik, Korrekturen, Aktualisierungen haben, freuen wir uns über Ihre Nachricht an den Bruckmann Verlag, Postfach 40 02 09, D-80702 München oder per E-Mail an lektorat@verlagshaus.de.

Die Deutsche Nationalbibliothek verzeichnet diese Publikation in der Deutschen Nationalbibliografie; detaillierte bibliografische Daten sind im Internet über http://dnb.d-nb.de abrufbar.

ISBN 978-3-7654-5298-7

Die Autoren:

Ralf Schröder
studierte skandinavische Sprachen und Literatur. Seit 1992 ist er als freier Journalist und Buchautor tätig. Motorrad fährt er seit dem 18. Lebensjahr, bevorzugt nach Nordeuropa, wo er fast jede Straße schon mal unter die Räder genommen hat.

Heinz E. Studt
Als leidenschaftlicher Motorradfahrer und Fotograf hat der Wahlmünchner seine Passion zum Schwerpunkt seiner täglichen Arbeit als freier Journalist und Buchautor gemacht. Zahlreiche Veröffentlichungen und Bücher dokumentieren seine Motorradreisen in aller Welt.

Markus Golletz
lebt und arbeitet in Italien und Hannover als freier Journalist. Meist auf Enduros unterwegs, gibt es viele Verlockungen in den Pyrenäen, denen der Autor nicht widerstehen kann.

Jürgen Grieschat
Eindrucksvolle Reisen nach Osteuropa und Russland haben Jürgen Grieschat seinen zweiten Vornamen »Juri« eingebracht. Der ehemalige Lehrer nimmt seit über 20 Jahren Interessierte in seinem »fliegendem Klassenzimmer« mit. Neugierig? Mehr unter www.mottouren.de.

Thomas Krämer
Der Autor und Fotograf ist dem Norden seit seiner ersten Skandinavienreise 1983 eng verbunden und mittlerweile Chefredakteur des Skandinavien-Magazins Nordis. Aber er kurvt auch gerne mit dem Motorrad durch die Alpen oder südliche Gefilde wie hier Portugal.

Elke Potthoff
Die Augsburgerin ist seit ihrem 16. Lebensjahr der Faszination Motorrad erlegen und betreibt zusammen mit ihrem Mann Jochen die Motorradwebsite »Bikerdream« (www.bikerdream.de). Gemeinsam unternehmen sie ausgedehnte Touren, am liebsten abseits typischer Motorradziele und veröffentlichen Reportagen in Motorradmagazinen.

Volker Wahmkow
lebt bei Stralsund und organisiert seit einigen Jahren die Motorradrallye »Vorpommern auf'm Bike«. Motorradfahren ist für ihn zu einer Leidenschaft geworden, der er zusammen mit seiner Frau immer wieder gerne erliegt. Die Dolomiten sind sein Traumziel.

Barentssee
Hammerfest
Tromsø
Kirkenes
Murmansk
Reykjavík
Akureyri
ISLAND
Skógar
Europäisches
Nordmeer
1
Kiruna
Luleå
Oulu
Skellefteå
Bottnischer Meerbusen
Kristiansund
Trondheim
SCHWEDEN
FINNLAND
Onegasee
Petrosawodsk
NORWEGEN
Tampere
Bergen
2
Oslo
Turku
Helsinki
Ladoga-
see
Uppsala
Sankt
Petersburg
Stavanger
Stockholm
Tallinn
Inverness
Weliki
Nowgorod
8
Aberdeen
ESTLAND
RUSSLAND
Kristiansand
Göteborg
Jönköping
Glasgow
Edinburgh
LETTLAND
Belfast
3
Riga
4
GROSSBRITANNIEN
DÄNEMARK
IRLAND
Kopenhagen
Malmö
Ostsee
LITAUEN
Dublin
Liverpool
Leeds
Nordsee
Wizebsk
Dnepr
Manchester
Sheffield
Smolensk
Cork
Rostock
Danzig
Königs-
berg
Vilnius
Minsk
NIEDERLANDE
Bremen
Hamburg
5
Cardiff
Birmingham
Amsterdam
Stettin
WEISSRUSSLAND
Atlantischer
Minehead
9
London
Hannover
Elbe
Berlin
Rotterdam
Weichsel
Posen
Warschau
Homel
Ozean
Plymouth
Dover
Brüssel
Essen
DEUTSCHLAND
Oder
Łódz
Brest
Lille
BELGIEN
Köln
Leipzig
Breslau
POLEN
Brest
Dresden
Kiew
LUXEMBURG
Frankfurt
Kattowitz
Shyzomyr
Prag
6
Luxemburg
Nürnberg
Ostrau
Krakau
UKRAINE
Rennes
Paris
Dnipro
TSCHECHIEN
Lemberg
Rhein
Winnyzja
Straßburg
Stuttgart
Donau
Tours
Loire
Nantes
Brünn
SLOWAKEI
11
München
Wien
Dnister
7
Mulhouse
Linz
Bratislava
FRANKREICH
Zürich
Basel
Lindau
MOLDAU
ÖSTERREICH
Odessa
Bern
FL
Budapest
Klausenburg
La Coruña
Vaduz
18
Kischinau
Bordeaux
Lyon
Genf
SCHWEIZ
17
Graz
Papa
Gijón
Bozen
UNGARN
16
Lienz
SLOWENIEN
RUMÄNIEN
Vigo
Martigny
Rhône
15
Ljubljana
Bilbao
Mailand
Kronstadt
Toulouse
Verona
Zagreb
KROATIEN
Temesch-
burg
10
Turin
Po
Venedig
Umag
20
Valladolid
Ebro
13
Montpellier
Genua
Bologna
BOSNIEN
Belgrad
Porto
Foix
19
HERZEGOWINA
Bukarest
Narbonne
Konstanza
Zaragoza
Mallos
de Riglos
ANDORRA
Marseille
Nizza
MONACO
SAN
MARINO
Zadar
Sarajevo
SERBIEN
Donau
PORTUGAL
Florenz
Varna
Tajo
Madrid
ITALIEN
Adria
BULGARIEN
Schwarzes
Lissabon
Dubrovnik
Priština
Sofia
Burgas
SPANIEN
Barcelona
Korsika
MONTENEGRO
KOSOVO
Meer
14
Rom
Podgorica
Skopje
Plovdiv
12
Valencia
MAZEDONIEN
Istanbul
Córdoba
Tirana
Sardinien
Neapel
Bari
ALBANIEN
Faro
Sevilla
Palma
Thessaloniki
Bursa
Mallorca
Tarent
Murcia
Alicante
Tyrrhenisches
Cádiz
Granada
Ägäisches
Cartagena
Cagliari
Meer
Korfu
TÜRKEI
Tanger
Málaga
Almeria
Mittelmeer
Meer
Palermo
Messina
Ionisches
GRIECHENLAND
İzmir
Rabat
Oran
Algier
Anaba
Tunis
Catania
Meer
Athen
Casablanca
Fes
Oujda
Sizilien
Sousse
MALTA
ALGERIEN
Valletta
Kreta
Heraklion
MAROKKO
TUNESIEN